Paul Nentwig

Die moderne Kurzgeschichte im Unterricht

Meiner Tochter Adelheid zugeeignet

Paul Nentwig

Die moderne Kurzgeschichte im Unterricht

Interpretationen und methodische Hinweise

hv
Hahner Verlagsgesellschaft

Einbandgestaltung: Volker Jürgens

CIP-Titelaufnahme der Deutschen Bibliothek

Nentwig, Paul:
Die moderne Kurzgeschichte im Unterricht: Interpretationen und methodische Hinweise / Paul Nentwig. – 8. Aufl. – Aachen-Hahn: Hahner Verl.-Ges., 1990

ISBN 3-89294-135-1

Inhalt

I. Überblick über die Entwicklung der deutschen Kurzgeschichte

Die Bezeichnung „Kurzgeschichte" taucht zum erstenmal Anfang der zwanziger Jahre unseres Jahrhunderts in der deutschen Literatur auf. Es handelt sich dabei um ein Bedeutungslehnwort, nachgebildet der anglo-amerikanischen Bezeichnung „short story". Korrekt übersetzt heißt short story „kurze Geschichte". Nun ist aber noch lange nicht jede kurze Geschichte eine Kurzgeschichte im heutigen Sinne des Wortes. Kurze Geschichten sind auch die Fabeln, die Parabeln, die Legenden, die Anekdoten und die Kalendergeschichten. Zudem ist „Kurzgeschichte" eine regelwidrige Prägung. Man spricht ja auch nicht von „Langgeschichten". „Kurzgeschichte" ist eine Analogiebildung zu „Kurzvers" und „Kurzzeile" (im Gegensatz zu Langvers und Langzeile), Bezeichnungen, die sich in der deutschen Poetik längst eingebürgert haben. Wenn sich nun auch die Bezeichnung „Kurzgeschichte" trotz ihrer regelwidrigen Bildung durchgesetzt hat, so wohl hauptsächlich deshalb, damit sich diese Form der modernen Prosadichtung abhebt gegen „kurze Geschichte" schlechthin.

Die ältesten deutschen Kurzgeschichten stammen von *Heinrich von Kleist* („Das Bettelweib von Locarno") und von *E. Th. A. Hoffmann* („Ritter Gluck"). Sie entstanden zu Beginn des 19. Jahrhunderts, als die klassisch-romantische Literaturperiode zu Ende ging. Der Mensch war nun nicht mehr eingeordnet in den Kosmos (wie in der Zeit der Klassik) und erfüllte dessen und damit auch seine eigenen Gesetze nicht mehr. Dafür kam er im Erleben eines Schicksalsschlages mit einer Welt in Verbindung, deren Gesetzmäßigkeit für ihn nicht mehr begreifbar war. Daß die Entwicklung der deutschen Kurzgeschichte mit E. Th. A. Hoffmann beginnt, ist kein Zufall. Er war ein Mann, der in sich selbst einen Bruch trug, der zwischen romantischer Illusion und realistischer Wirklichkeit lebte. So war er geradezu prädestiniert zu einer neuen Form der dichterischen Aussage, der es auf die Wiedergabe eines Schicksalsbruches oder eines die Lebenszusammenhänge plötzlich offenbarenden Lebensausschnittes ankommt. Eben das aber ist das Anliegen der Kurzgeschichte. Zwei Beispiele dafür aus der Mitte des vorigen Jahrhunderts sind *Fr. Hebbels* Geschichte „Die Kuh" und *Th. Storms* „Posthuma", die beide im Jahre 1849 entstanden.

Während es für die älteste Form der deutschen Kurzgeschichte nur eine Handvoll Beispiele gibt, erlebt sie in der Zeit des Nachnaturalismus, besonders in den zwanziger Jahren unseres Jahrhunderts, etwa gleichzeitig mit dem Eindringen der short story in Deutschland, geradezu eine Blütezeit. Schriftsteller, die sie besonders pflegten und ihr eine neue Prägung gaben, waren vor allem:

Paul Ernst (1866–1933) mit seinen „Komödianten- und Spitzbubengeschichten" (1920) und den „Geschichten von deutscher Art" (1928),

Wilhelm Schäfer (1868–1952) mit seinen „Anekdoten" (1. Ausg. 1907, Gesamtausgabe in 3 Bänden 1943),

Wilhelm Schmidtbonn (1876–1952) mit seinen rheinischen Geschichten „Uferleute" (1921) und

Hans Franck (1879–1964) mit seinen siebenmalsieben Geschichten „Der Regenbogen" (1927) und dem „Zeitenprisma", dreimaldreizehn Geschichten (1932).

Die moderne deutsche Kurzgeschichte ist ein Kind der Nachkriegszeit. Zwei Umstände waren es vor allem, denen sie ihre Ausprägung zu einer literarischen Form sui generis verdankte: Die Überfülle an peinigenden Erlebnissen in den Kriegsjahren und der unmittelbaren Nachkriegszeit drängte die Schriftsteller der jüngeren Generation zur Aussage, „zu keiner ästhetisch verbrämten", wie *Wolfdietrich Schnurre* sagt, der selbst zu dieser Generation gehört und mehrere Bände exemplarischer Kurzgeschichten geschrieben hat, „auch zu keiner durchkomponierten oder gar episch gegliederten, nein: zu einer atemlos heruntergeschriebenen, keuchend kurzen, mißtrauisch kargen Mitteilungsform".[1]

Der andere Umstand war das gleichzeitige Hereinströmen von Übersetzungen ausländischer Literatur in das zwölf Jahre lang hermetisch abgeschlossene Deutschland, u. a. auch von short stories anglo-amerikanischer Herkunft. Besonders die „49 stories" von *Hemingway* übten als Anregung und Vorbild einen starken Einfluß auf die Entwicklung der deutschen Kurzgeschichte aus. In unverhältnismäßig kurzer Zeit aber lösten sich die deutschen Schriftsteller aus dem Banne der amerikanischen Vorbilder, und heute können wir feststellen, daß sich aus den anfänglichen Nachahmungen eine deutsche Kurzgeschichte entwickelt hat, die ihren legalen Platz im Ganzen des modernen deutschen Literaturschaffens einnimmt.

Eins ist dabei noch zu berücksichtigen, und es soll wieder mit den Worten Wd. Schnurres gesagt werden: „Die Kurzgeschichte setzt einen ganz bestimmten Autorentyp voraus ... Er schreibt, weil ihm etwas nicht paßt, weil er empört, erschüttert, in Mitleidenschaft gezogen ist. Er ist immer Moralist; auch dort noch, wo er scheinbar brutal schreibt. Nie wird er zu Konzessionen bereit sein; stets aber ist er auf engsten Kontakt mit der Wirklichkeit aus. Nicht so sehr literarischer Ehrgeiz: sein Gewissen treibt ihn an den Schreibtisch. Dennoch ist er ständig bemüht, die Form der Kurzgeschichte weiter zu entwickeln, zu verfeinern und sie vor der Diskriminierung durch andere, voluminösere literarische Gattungen zu schützen."[2]

Wenn diese Sätze schon für den Kurzgeschichtenautor unserer Zeit schlechthin gelten, so in besonderem Maße für jenen jungen Dichter, von dessen Kurzgeschichten unmittelbar nach dem 2. Weltkrieg eine

[1] Aus: Kritik und Waffe. Zur Problematik der Kurzgeschichte. In: „Deutsche Rundschau". Januar 1961, S. 61—66.

[2] A. a. O.

sehr starke Wirkung ausging: *Wolfgang Borchert* (1921–1947), den Dichter der „Generation ohne Glück, ohne Heimat und ohne Abschied“, wie er sie selbst nennt. Eine Anzahl seiner Kurzgeschichten gehören heute schon zum Kanon der in unsern Schulen behandelten Werke dieser Gattung.

An einer seiner Kurzgeschichten, die erst 1962 aus dem Nachlaß in dem Bändchen „Die traurigen Geranien“ veröffentlicht wurde, soll versucht werden, die Wesensmerkmale der modernen Kurzgeschichte herauszustellen.

II. Wesensbestimmung der modernen Kurzgeschichte

Das Holz für morgen

Er machte die Etagentür hinter sich zu. Er machte sie leise und ohne viel Aufhebens hinter sich zu, obgleich er sich das Leben nehmen wollte. Das Leben, das er nicht verstand und in dem er nicht verstanden wurde. Er wurde nicht von denen verstanden, die er liebte. Und gerade das hielt er nicht aus, dieses Aneinandervorbeisein mit denen, die er liebte.

Aber es war noch mehr da, das so groß wurde, daß es alles überwuchs und das sich nicht wegschieben lassen wollte.

Das war, daß er nachts weinen konnte, ohne daß die, die er liebte, ihn hörten. Das war, daß er sah, daß seine Mutter, die er liebte, älter wurde und daß er das sah. Das war, daß er mit den anderen im Zimmer sitzen konnte, mit ihnen lachen konnte und dabei einsamer war als je. Das war, daß die anderen es nicht schießen hörten, wenn er es hörte. Daß sie das nie hören wollten. Das war dieses Aneinandervorbeisein mit denen, die er liebte, das er nicht aushielt. Nun stand er im Treppenhaus und wollte zum Boden hinaufgehen und sich das Leben nehmen. Er hatte die ganze Nacht überlegt, wie er das machen wollte, und er war zu dem Entschluß gekommen, daß er vor allem auf den Boden hinaufgehen müsse, denn da wäre man allein und das war die Vorbedingung für alles andere. Zum Erschießen hatte er nichts und Vergiften war ihm zu unsicher. Keine Blamage wäre größer gewesen, als dann mit Hilfe eines Arztes wieder in das Leben zurückzukommen und die vorwurfsvollen mitleidigen Gesichter der anderen, die so voll Liebe und Angst für ihn waren, ertragen zu müssen. Und sich ertränken, das fand er zu pathetisch, und sich aus dem Fenster stürzen, das fand er zu aufgeregt. Nein, das beste würde sein, man ginge auf den Boden. Da war man allein. Da war es still. Da war alles ganz unauffällig und ohne viel Aufhebens. Und da waren vor allem die Querbalken vom Dachstuhl. Und der Wäschekorb mit der Leine. Als er die Etagentür leise hinter sich zugezogen hatte, faßte er ohne zu zögern nach dem Treppengeländer und ging langsam nach oben. Das kegelförmige Glasdach über dem Treppenhaus, das von ganz feinem Maschendraht wie von Spinngewebe durchzogen war, ließ einen blassen Himmel hindurch, der hier oben dicht unter dem Dach am hellsten war.

Fest umfaßte er das saubere hellbraune Treppengeländer und ging leise und ohne viel Aufhebens nach oben. Da entdeckte er auf dem Treppengeländer einen breiten weißen Strich, der vielleicht auch etwas gelblich sein konnte. Er blieb stehen und fühlte mit dem Finger darüber, dreimal, viermal. Dann sah er zurück. Der weiße Strich ging auf dem ganzen Geländer entlang. Er beugte sich etwas vor. Ja, man konnte ihn bis tief in die dunkleren Stockwerke nach unten verfolgen. Dort wurde er ebenfalls bräunlicher, aber er blieb doch einen ganzen Farbton heller als das Holz des Geländers. Er ließ seinen Finger ein paarmal auf dem weißen Strich entlang fahren, dann sagte er plötzlich: Das hab ich ja ganz vergessen.

Er setzte sich auf die Treppe. Und jetzt wollte ich mir das Leben nehmen und hatte das beinahe vergessen. Dabei war ich es doch. Mit der kleinen Feile, die Karlheinz gehörte. Die habe ich in die Faust genommen und dann bin ich in vollem Tempo die Treppen runtergesaust und habe dabei die Feile tief in das weiche Geländer gedrückt. In den Kurven habe ich besonders stark gedrückt, um zu bremsen. Als ich unten war, ging über das Treppengeländer vom Boden bis zum Erdgeschoß eine tiefe, tiefe Rille. Das war ich. Abends wurden alle Kinder verhört. Die beiden Mädchen unter uns, Karlheinz und ich. Und der nebenan. Die Hauswirtin sagte, das würde mindestens vierzig Mark kosten. Aber unsere Eltern wußten sofort, daß es von uns keiner gewesen war. Dazu gehörte ein ganz scharfer Gegenstand, und den hatte keiner von uns, das wußten sie genau. Außerdem verschandelte doch kein Kind das Treppengeländer in seinem eigenen Haus. Und dabei war ich es. Ich mit der kleinen spitzen Feile. Als keiner von den Familien die vierzig Mark für die Reparatur des Treppengeländers bezahlen wollte, schrieb die Hauswirtin auf die nächste Mieterechnung je Haushalt fünf Mark mehr drauf für Instandsetzungskosten des stark demolierten Treppenhauses. Für dieses Geld wurde dann gleich das ganze Treppenhaus mit Linoleum ausgelegt. Und Frau Daus bekam ihren Handschuh ersetzt, den sie sich an dem aufgesplitterten Geländer zerrissen hatte. Ein Handwerker kam, hobelte die Ränder der Rille glatt und schmierte sie dann mit Kitt aus. Vom Boden bis zum Erdgeschoß. Und ich, ich war es. Und jetzt wollte ich mir das Leben nehmen und hatte das beinahe vergessen.

Er setzte sich auf die Treppe und nahm einen Zettel. Das mit dem Treppengeländer war ich, schrieb er da drauf. Und dann schrieb er oben drüber: An Frau Kaufmann, Hauswirtin. Er nahm das ganze Geld aus seiner Tasche, es waren zweiundzwanzig Mark, und faltete den Zettel da herum. Er steckte ihn oben in die kleine Brusttasche. Da finden sie ihn bestimmt, dachte er, da müssen sie ihn ja finden. Und er vergaß ganz, daß sich keiner mehr daran erinnern würde. Er vergaß, daß es schon elf Jahre her war, das vergaß er. Er stand auf, die Stufe knarrte ein wenig. Er wollte jetzt auf den Boden gehen. Er hatte das mit dem Treppengeländer erledigt und konnte jetzt nach oben gehen. Da wollte er sich noch einmal laut sagen, daß er es nicht mehr aushielte, das Aneinandervorbeisein mit denen, die er liebte, und dann wollte er es tun. Dann würde er es tun.

Unten ging eine Tür. Er hörte, wie seine Mutter sagte: Und dann sag ihr, sie soll das Seifenpulver nicht vergessen. Daß sie auf keinen Fall das Seifenpulver vergißt. Sag ihr, daß der Junge extra mit dem Wagen los ist, um das Holz zu holen, damit wir morgen waschen können. Sag ihr, das wäre für Vater eine große Erleichterung, daß er nicht mehr mit dem Holzwagen los braucht und daß der Junge wieder da ist. Der Junge ist extra los heute. Vater sagt, das wird ihm Spaß machen. Das hat er die ganzen Jahre nicht tun können. Nun kann er Holz holen. Für uns. Für morgen zum Waschen. Sag ihr das, daß er extra mit dem Wagen los ist und daß sie mir nicht das Seifenpulver vergißt.

Er hörte eine Mädchenstimme antworten. Dann wurde die Tür zugemacht und das Mädchen lief die Treppen hinunter. Er konnte ihre kleine rutschende Hand das ganze Treppengeländer entlang bis unten verfolgen. Dann hörte er nur ihre Beine noch. Dann war es still. Man hörte das Geräusch, das die Stille machte.

Er ging langsam die Treppe abwärts, langsam Stufe um Stufe abwärts. Ich muß das Holz holen, sagte er, natürlich, das hab ich ja ganz vergessen. Ich muß ja das Holz holen, für morgen.

Er ging immer schneller die Treppen hinunter und ließ seine Hand dabei kurz hintereinander auf das Treppengeländer klatschen. Das Holz, sagte er, ich muß ja das Holz holen. Für uns. Für morgen. Und er sprang die letzten Stufen mit großen Sätzen abwärts.

Ganz oben ließ das dicke Glasdach einen blassen Himmel hindurch. Hier unten aber mußten die Lampen brennen. Jeden Tag. Alle Tage.

Wolfgang Borchert

Was geschieht in dieser exemplarischen Kurzgeschichte? Äußerlich gesehen fast nichts: ein junger Mensch geht langsam die Treppe zum Boden hinauf, um sich dort zu erhängen. Ein heller Streifen auf dem Treppengeländer erinnert ihn an einen lange zurückliegenden bösen Streich, für den andere haben bezahlen müssen, und die Stimme der Mutter im Treppenhaus gemahnt ihn daran, daß er einer Verpflichtung, die er übernommen hat, noch nicht nachgekommen ist. So geht er die Treppe wieder hinab, um zu tun, was er versprochen hat. – Zwischen dem Hinaufsteigen und dem Wiederhinabgehen aber liegt jener prägnante Augenblick, der ihn zur äußeren und inneren Umkehr veranlaßt, ein Augenblick, der ihn in seinem Innersten erschüttert, in dem er plötzlich der Wahrheit inne wird, der Wahrheit nämlich, daß sein Leben nicht, wie er vermeint, ein „Aneinandervorbeisein" mit denen ist, die er liebt, daß er vielmehr einbezogen ist in ihren Kreis mit seinen kleinen alltäglichen Sorgen und Verantwortlichkeiten für den kommenden Tag. So wird dieser „Schicksalsbruch" für ihn zum Beginn eines neuen Lebens.

Was *Heinz Piontek* in seinem Essay „Graphik in Prosa"[3] von der Kurzgeschichte im allgemeinen sagt, gilt Wort für Wort gerade für unser Beispiel: „Die Kurzgeschichte zeigt ihre handelnden Figuren keineswegs in einem unerheblichen Augenblick ihres Lebens ... Im Allgemeinen des Existierens fixiert der Erzähler das Bedeutsame. Daher interessieren ihn vor allem solche Lagen, in denen der Mensch Farbe

[3] In: Buchstab Zauberstab. Über Dichter und Dichtung. Eßlingen 1959, S. 68.

bekennen muß, wo ihm Zusammenhänge aufgehen oder sein Bewußtsein wichtige Erweiterungen erfährt. Das sind nicht Entwicklungen der Person, wie sie der Romanautor von seinen Helden berichtet. Hier handelt es sich um ein plötzliches Innewerden von Wahrheit, das auf Entschiedenheit im Leben drängt ... Die Situation hat weder einen markanten Anfang noch ein dezidiertes Ende." – Gleich die ersten beiden Sätze unserer Geschichte reißen uns mitten in die Situation hinein: „Er machte die Etagentür hinter sich zu. Er machte sie leise und ohne viel Aufhebens hinter sich zu, obgleich er sich das Leben nehmen wollte." Und der Schluß der Geschichte ist gar kein Ende; sie geht ins Offene aus. Wir erfahren nicht, wie der junge Mann nun mit dem Leben fertig wird, wie er sich zu seiner Umgebung stellt und diese sich zu ihm. Die Geschichte hört einfach auf: „Und er sprang die letzten Stufen mit großen Sätzen abwärts."

Können wir bei dieser Kurzgeschichte überhaupt von einem literarischen Kunstwerk sprechen? Wenn das der Fall ist, dann muß das Erzählte über sich selbst, über den Einzelfall hinausweisen ins Allgemeingültige und muß sprachlich so gestaltet sein, daß alles Innen im Außen faßbar ist.

Die Sprache ist auffallend einfach, der Alltagssprache angenähert. Wenn wir aber genauer hinhorchen, so ist diese Sprache, die scheinbar „so wenig Aufhebens macht" (diese Redewendung kommt übrigens dreimal in der Geschichte vor), von einer Hintergründigkeit und Aussagekraft, die beinahe an Raffinesse grenzt. Das beginnt gleich mit dem ersten Satz: „Er machte die Etagentür hinter sich zu." Das bezieht sich in doppeltem Sinne auf die gegenwärtige Situation, vordergründig und hintergründig. Auch der zweite Satz ist doppeldeutig: „... leise und ohne viel Aufhebens" macht dieser „Er" die Tür hinter sich zu, um sich aus dem Leben zu stehlen, das jenseits der Etagentür liegt.

Wer ist überhaupt dieser die ganze Geschichte hindurch namenlos bleibende „Er", der „das Leben nicht versteht und in dem er nicht verstanden wird"? Er gehört zu jener „Generation ohne Abschied", von der

W. Borchert in dem gleichnamigen Aufsatz sagt: „Wir begegnen uns auf der Welt und sind Mensch mit Mensch – und dann stehlen wir uns davon, denn wir sind ohne Bindung, ohne Bleiben und ohne Abschied. Wir sind eine Generation ohne Abschied, die sich davonstiehlt wie Diebe, weil sie Angst hat vor dem Schrei ihres Herzens."[4]

Aber, so könnte man fragen, wo steht denn das in der Geschichte? Nun, es steht schon darin, wenn auch nicht expressis verbis, sondern nur andeutungsweise. Da sind gleich zwei Sätze, die aus dem Zusammenhang, in dem sie stehen, scheinbar ganz herausfallen: „Das war, daß die anderen es nicht schießen hörten, wenn er es hörte. Daß sie das nie hören wollten." Ist der junge Mann im Kriege gewesen, und hört er es immer noch schießen? Im vorletzten Abschnitt erhalten wir eine andeutende Antwort auf diese Frage, und zwar durch die Mutter im Treppenhaus: „Sag ihr, das wäre für Vater eine große Erleichterung, daß er nicht mehr mit dem Holzwagen los braucht und daß der Junge wieder da ist. Der Junge ist extra los heute. Vater sagt, das wird ihm Spaß machen. Das hat er die ganzen Jahre nicht tun können." Und in der Mitte der Geschichte steht ein Satz, der uns die Zeit bestimmen hilft, in der sie spielt, und das ungefähre Alter des jungen Mannes andeutet: „Er vergaß, daß es schon elf Jahre her war, das vergaß er." Wir wissen, daß diese Kurzgeschichte im Jahre 1947 entstanden ist und in der unmittelbaren Gegenwart spielt (Borchert ist am 20. November 1947 gestorben). „Die ganzen Jahre" hat der junge Mann „das nicht mehr tun können" (das Holzholen), weil er im Kriege war, vielleicht drei, vielleicht vier Jahre wie Borchert selbst. Vor elf Jahren hat er das Geländer beschädigt. Damals mag er zwölf oder dreizehn Jahre alt gewesen sein. Es handelt sich also tatsächlich um einen jungen Mann aus der Generation Wolfgang Borcherts, und er lebte, wie dieser, in einer Zeit, deren einzige Aussicht die Aussichtslosigkeit war.

Von der Sprache des Werkes wurde bereits festgestellt, daß sie mehr andeutet als direkt aussagt oder gar ausmalt. Das ist ein weiteres

[4] A. a. O. in: Draußen vor der Tür und ausgewählte Erzählungen. rororo-Taschenbuch 170. Hamburg 1956, S. 125.

Charakteristikum der modernen Kurzgeschichte. Deshalb auch hat *Heinz Piontek* die Kurzgeschichte in seinem erwähnten Essay (vgl. Anm. 3) „die Graphik in Prosa“ genannt und von ihr gesagt: „Das Zeichnen ist in der bildenden Kunst jenes Verfahren, welches die Realität weitgehend reduziert, von ihr bloß das Wesentliche stehen läßt. Durch Ausscheiden und Weglassen wird hier Konzentration erzeugt.

Nach demselben Prinzip erreicht auch die Kurzgeschichte ihre Dichte und Intensität. Sparsam, unerbittlich verleiht sie der Welt Kontur. Ihre Linien sind messerscharf. Das Wenige, das sie umreißen, ist von einer betörenden und gleichzeitig verwundenden Eindringlichkeit. Es schlägt uns in Bann. Uns werden die Augen geöffnet.“[5] Und es könnte mit Bezug auf unsere Geschichte hinzugefügt werden: so wie diesem jungen Mann durch die scheinbar so belanglosen Worte der Mutter.

Ein anderes von Wolfgang Borchert bewußt angewandtes sprachliches Gestaltungsmittel sind die an Monotonie grenzenden Wiederholungen. Doch sind sie der jeweiligen Situation ebenso angemessen wie der Eigenart der jeweils denkenden oder sprechenden Person. Dadurch erhält die Sprache eine bohrende Eindringlichkeit. Da sind gleich am Anfang fünf Sätze, in denen die Gründe des jungen Mannes aufgezählt werden für seinen Entschluß, sich das Leben zu nehmen: „*Das war,* daß er nachts weinen konnte, ohne daß die, die er liebte, ihn hörten. *Das war,* daß er sah, daß seine Mutter, die er liebte, älter wurde und daß er das sah. *Das war,* daß er mit den anderen im Zimmer sitzen konnte, mit ihnen lachen konnte und dabei einsamer war als je. *Das war,* daß die anderen es nicht schießen hörten, wenn er es hörte. Daß sie das nie hören wollten. *Das war* dieses Aneinandervorbeisein mit denen, die er liebte, das er nicht aushielt.“ – Und am Schluß der Geschichte hören wir die Stimme der Mutter im Treppenhaus, die dem Mädchen einen Auftrag gibt: „Und dann sag ihr, *sie soll das Seifenpulver nicht vergessen.* Daß sie auf keinen Fall das Seifenpulver vergißt . . . und daß sie mir nicht das Seifenpulver vergißt.“

[5] A. a. O., S. 70 f.

An dieser Stelle verwendet der Dichter noch ein anderes für die moderne Kurzgeschichte charakteristisches Stilmittel: die „Verfremdung“ und „Untertreibung“ oder Unterspielung des Scheitelpunktes, im Anglo-Amerikanischen „understatement“ genannt, worunter wir das Mißverhältnis zwischen Auszudrückendem und Ausdruck verstehen, das Vermeiden von jedem Pathos, die nüchtern-verhaltene, ja banale Sprache und Gebärde, die die wahre Situation mehr erahnen als begreifen läßt. Dreimal wird hier eindringlich an etwas erinnert, das mit dem Eigentlichen der Geschichte überhaupt nichts zu tun hat; das Eigentliche aber wird dadurch ins Beiläufige abgedrängt, der Scheitelpunkt herabgedrückt in den linearen Verlauf des Geschehens. Von der Erschütterung des jungen Mannes durch die Worte der Mutter, die für ihn zur Schicksalswende werden, erfahren wir nur andeutungsweise: „Er ging langsam die Treppe abwärts, langsam Stufe um Stufe abwärts. Ich muß das Holz holen, sagte er, natürlich, das hab ich ja ganz vergessen. Ich muß ja das Holz holen, für morgen. – Er ging immer schneller die Treppe hinunter und ließ seine Hand dabei kurz hintereinander auf das Treppengeländer klatschen. Das Holz, sagte er, ich muß ja das Holz holen. Für uns. Für morgen. Und er sprang die letzten Stufen mit großen Sätzen abwärts.“

Man hat Wolfgang Borchert mitunter vorgeworfen, sein Werk sei nihilistisch. Dieser Vorwurf ist ungerechtfertigt. Keine seiner Geschichten endet im absoluten Dunkel. In jeder strahlt ein, wenn auch noch so kleines, Licht als Hoffnungsschimmer. Mitunter überglänzt es vom Ende her das Dunkel der Geschichte, am schönsten und reinsten wohl in den „Drei dunklen Königen“, mitunter ist es symbolisch in das Dunkel der Geschichte hineinverwoben wie in unserem Falle: „Als er die Etagentür leise hinter sich zugezogen hatte, faßte er ohne zu zögern nach dem Treppengeländer und ging langsam nach oben. Das kegelförmige Glasdach über dem Treppenhaus, das von ganz feinem Maschendraht wie von Spinngewebe durchzogen war, ließ einen blassen Himmel hindurch, der hier oben dicht unter dem Dach am hellsten war.“ Die Schlußsätze der Geschichte heißen: „Ganz oben ließ das dicke

Glasdach einen blassen Himmel hindurch. Hier unten aber mußten die Lampen brennen. Jeden Tag. Alle Tage." – Wir sehen, wie hier scheinbar rein vordergründige Beschreibungen durchscheinend werden für das Eigentliche dieser Kurzgeschichte.

Zusammenfassend läßt sich über das Wesen der modernen deutschen Kurzgeschichte sagen: Sie gestaltet in einer dem Alltag angenäherten Sprache einen bedeutsamen Ausschnitt oder einen schicksalbestimmenden Augenblick aus dem Leben eines Alltagsmenschen. Dem Ausschnitthaften des Stoffes entspricht ihr Kompositionsprinzip: der unvermittelte Anfang und der ins Offene ausgehende Schluß. Höhepunkt, Wendepunkt und Schluß fallen bei den meisten modernen Kurzgeschichten zusammen.

III. Unterrichtliche Probleme bei der Arbeit mit der Kurzgeschichte

Die Frage nach dem *Bildungswert* der modernen Kurzgeschichte läßt sich heute noch nicht eindeutig beantworten, da der literarische Wert der Gattung ebensowenig geklärt ist wie die Qualität einzelner Geschichten. Doch hat sich im Laufe des letzten Jahrzehnts schon ein gewisser Kanon von Kurzgeschichten herausgebildet, die allgemeine Anerkennung gefunden haben. Lesebücher, Sammelbändchen, Interpretationen und die tägliche Arbeit der Lehrer im Unterricht sind an dieser Auslese beteiligt.

Im Deutschunterricht der höheren Schule ist die Kurzgeschichte seit mehr als zehn Jahren ein beliebter Unterrichtsgegenstand; auch in der Mittel-(Real-)schule wird sie mehr und mehr gepflegt, während sie sich im muttersprachlichen Unterricht der Volksschule erst in jüngster Zeit wachsender Beliebtheit erfreut. Besonders jüngere Lehrkräfte wenden sich, angeregt durch Zeitschriftenaufsätze, Interpretationswerke und Facharbeitsgemeinschaften, der Behandlung von Kurzgeschichten zu, da sie ihre besondere Eignung für den muttersprachlichen Unterricht erkannt haben.

Für ihre Behandlung im Unterricht spricht zunächst ihr *Bildungswert.* Sie ist nach den Worten *H. Motekats* „Gefäß für die dichterische Vergegenwärtigung des modernen Daseins und des von ihm bestimmten Lebensgefühls“[6]. Ihr Wert liegt in der Wahrhaftigkeit ihrer menschlichen Aussage. Durch die Beschäftigung mit ihr lernt die Jugend die

6 Gedanken zur Kurzgeschichte. In: „Der Deutschunterricht“ Jg. 1957, Heft 1, S. 21.

Problematik des modernen Lebens in einer für die heutige Zeit charakteristischen literarischen Form kennen. Wie am Beispiel gezeigt wurde, stellt die Kurzgeschichte ein Alltagsgeschehen in einer Weise dar, daß es von den Schülern als dramatisches Ereignis von großer Eindringlichkeit erlebt werden kann und erlebt wird. Sie werden wachgerüttelt und zum Nachdenken in des Wortes eigentlicher Bedeutung angeregt. Der abrupte Schluß löst die Spannung nicht. Sie wirkt in den Schülern weiter und regt ihre Phantasie an, sich alle Möglichkeiten auszudenken, die nun folgen können.

Bei aller scheinbaren Belanglosigkeit der Einzelfälle des Alltagsgeschehens in den Kurzgeschichten werden diese durch die besondere Art der dichterischen Gestaltung zu Modellfällen modernen Lebens. Die Kurzgeschichte lehrt Menschenschicksale beobachten und das scheinbar Unscheinbare in seiner tiefen Bedeutung erkennen.

Schließlich empfiehlt sich die Kurzgeschichte als Behandlungsgegenstand auch ihrer Kürze wegen, die es gestattet, ihr Wesentliches in einer Doppelstunde zu erschließen. Allerdings ist eins dafür Voraussetzung: die Schüler müssen den Text vor sich haben; denn jeder Satz ist in seiner Aussage und in seiner besonderen Struktur so wichtig, daß immer wieder darauf verwiesen werden muß. Sonst werden die Schüler die Kurzgeschichte niemals als dichterische Gehalt-Gestalt-Einheit erkennen. Gerade das aber ist das *Behandlungsziel.*

Es ist im Grunde genommen dasselbe wie bei jeder anderen Art von Dichtung auch: die Schüler sollen, nach einem Wort *Emil Staigers,* begreifen, was sie ergreift. Mit anderen Worten: sie sollen den Gehalt einer Kurzgeschichte an ihrer einmaligen Gestalt verstehen lernen, und das wiederum heißt, sie als Gehalt-Gestalt-Einheit erfassen. Das Ergriffensein ist die erste Antwort der Schüler auf den Anruf der Kurzgeschichte. Es darf aber nicht bei einem verschwommenen Gefühlserlebnis bleiben, vielmehr muß der Lehrer in einem behutsam gelenkten Unterrichtsgespräch versuchen, die Schüler zu dem Kern der dichterischen Aussage zu führen, ohne die Geschichte zu zerreden.

Voraussetzung für das Gelingen einer solchen Unterrichtsstunde ist, daß sich der Lehrer sachlich und methodisch gründlich darauf vorbereitet, so daß er die Geschichte den Schülern von jeder Seite aus aufzuschließen vermag, von der aus sie in ihr Inneres eindringen wollen. Das eigentliche methodische Problem beginnt nach dem Vorlesen der Geschichte durch den Lehrer mit dem Einsetzen des Unterrichtsgesprächs. Erfahrungsgemäß gibt es drei Möglichkeiten des Ansatzes. Welche man wählen soll, hängt vom Inhalt und von der Erzählstruktur der einzelnen Geschichte ab und von der Art der Hinführung.

Ausgangspunkt der Besprechung kann die Wirkung sein, welche die Kurzgeschichte auf die Schüler ausgeübt hat. Die Überschrift wird dabei zunächst ausgeklammert und muß von den Schülern selbst im Verlauf des Gesprächs oder an dessen Ende gefunden werden.

Der Lehrer kann aber auch die Erwartung der Schüler nach dem Ankündigen der Geschichte mit der Überschrift zum Ausgangspunkt machen. Es schließt sich dann ein kurzes Unterrichtsgespräch an, in dem die Schüler Fragen an die Geschichte stellen und bei dem Schwierigkeiten, die dem Verständnis im Wege stehen, von vornherein ausgeräumt werden. Nach dem Vorlesen der Geschichte kommt das Unterrichtsgespräch ohne weiteres in Gang, und zwar im Anschluß an die von den Schülern gestellten Fragen oder Vermutungen.

Bei Mosaikgeschichten (Borchert, An diesem Dienstag) oder bei Geschichten von besonders ausgeprägter Struktur (Borchert, Die drei dunklen Könige) empfiehlt sich eine dritte Betrachtungsweise. Nach dem ersten Vorlesen der Geschichte (ggf. ohne Überschrift) äußern die Schüler sich kurz zu dem Gehörten. Dann läßt der Lehrer die einzelnen Abschnitte gesondert betrachten und ihre Beziehungen zueinander und zum Ganzen der Geschichte feststellen, um ihre Struktur herauszuarbeiten. Das ist die geschlossenste Form der Behandlung.

Für unsere Beispielgeschichte „Das Holz für morgen" empfiehlt sich die erste der drei Möglichkeiten, und zwar aus folgenden Gründen: Die Überschrift sagt den Schülern zunächst gar nichts. Von ihr auszugehen wäre sinnlos, da sie weder zu Fragen noch zu Vermutungen einen Anreiz gibt. Zudem sind Inhalt und sprachliche Gestaltung der Geschichte so leicht faßlich, daß sich eine klärende Vorbesprechung erübrigt. Dagegen ist, wie die Erfahrung gelehrt hat, ihre Wirkung auf die Schüler außergewöhnlich stark, vorausgesetzt, daß sie vom Lehrer gut, d. h. natürlich und schlicht, ohne Pathos und Künstelei vorgelesen wird. Die Schüler geraten bald so in ihren Bann, daß sie sich am Schluß nur schwer daraus zu lösen vermögen. Deshalb wäre es auch verfehlt, sie zu einer raschen Aussprache zu drängen. Sie wollen zunächst innerlich mit der Geschichte fertig werden, ehe sie sich dazu äußern. Deshalb muß ihnen der Lehrer – wie überhaupt bei den ersten Kurzgeschichten, die er ihnen bietet – eine längere Besinnungspause gönnen als gewöhnlich. Nach dieser Besinnungspause aber kommt das Gespräch meist leicht in Gang. Je nach Inhalt und Struktur der Geschichte, nach der Eigenart der Klasse und ihrem Verhältnis zur Dichtung überhaupt und nach der bisher im Unterricht gepflegten Art des Umgangs mit ihr beziehen sich die ersten Äußerungen der Schüler entweder auf den Inhalt oder auf das eigentliche Problem, auf besondere sprachliche Gestaltungsmittel oder auffallende Formelemente. So wollten die einzelnen Klassen, mit denen die Beispielgeschichte behandelt wurde, zuerst klargestellt wissen, wer die namenlose Hauptperson sei, wann die Geschichte spiele, weshalb die Sache mit dem hellen Streifen auf dem Treppengeländer „eingeblendet" sei, weshalb der junge Mann es immer noch schießen höre, warum so viele Sätze wiederholt würden usw. Von jeder dieser Fragen aus läßt sich die Geschichte den Schülern erschließen.

Das wird immer erneute Ansätze nötig machen, bis die Dichtung als ein geschlossenes Ganzes erfaßt und gewertet wird. In der Regel finden die Schüler dann die Überschrift von selbst, und wenn es ihnen gelingt, ihre Entscheidung stichhaltig zu begründen, so kann der Lehrer gewiß sein, daß sie zum Kern der Geschichte vorgedrungen sind. Um sich davon zu überzeugen, läßt er sie von einem Schüler noch einmal laut vorlesen; denn das nachgestaltende Lesen ist eine, wenn auch nicht absolut sichere Probe darauf, ob eine Dichtung zum geistigen und seelischen Eigentum der Schüler geworden ist.

IV. Einzelinterpretationen

1. Der einsame Mensch

Alter Mann an der Brücke

Ein alter Mann mit einer Stahlbrille und sehr staubigen Kleidern saß am Straßenrand. Über den Fluß führte eine Pontonbrücke, und Karren und Lastautos und Männer, Frauen und Kinder überquerten sie. Die Maultierkarren schwankten die steile Uferböschung hinter der Brücke hinauf, und Soldaten halfen und stemmten sich gegen die Speichen der Räder. Die Lastautos arbeiteten schwer, um aus alledem herauszukommen, und die Bauern stapften in dem knöcheltiefen Staub einher. Aber der alte Mann saß da, ohne sich zu bewegen. Er war zu müde, um noch weiterzugehen.

Ich hatte den Auftrag, über die Brücke zu gehen, den Brückenkopf auf der anderen Seite auszukundschaften und ausfindig zu machen, bis zu welchem Punkt der Feind vorgedrungen war. Ich tat das und kehrte über die Brücke zurück. Jetzt waren dort nicht mehr so viele Karren und nur noch wenige Leute zu Fuß, aber der alte Mann war immer noch da.

„Wo kommen Sie her?" fragte ich ihn.

„Aus San Carlos", sagte er und lächelte.

Es war sein Heimatort, und darum machte es ihm Freude, ihn zu erwähnen, und er lächelte.

„Ich habe Tiere gehütet", erklärte er.

„So", sagte ich und verstand nicht ganz.

„Ja", sagte er, „wissen Sie, ich blieb, um die Tiere zu hüten. Ich war der letzte, der die Stadt San Carlos verlassen hat."

Er sah weder wie ein Schäfer noch wie ein Rinderhirt aus, und ich musterte seine staubigen, schwarzen Sachen und sein graues, staubiges Gesicht und seine Stahlbrille und sagte: „Was für Tiere waren es denn?"

„Allerhand Tiere“, erklärte er und schüttelte den Kopf. „Ich mußte sie dalassen.“

Ich beobachtete die Brücke und das afrikanisch aussehende Land des Ebro-Deltas und war neugierig, wie lange es jetzt wohl noch dauern würde, bevor wir den Feind sehen würden, und ich horchte die ganze Zeit über auf die ersten Geräusche, die immer wieder das geheimnisvolle Ereignis ankündigen, das man „Fühlung nehmen“ nennt, und der alte Mann saß immer noch da.

„Was für Tiere waren es?“ fragte ich.

„Es waren im ganzen drei Tiere“, erklärte er. „Es waren zwei Ziegen und eine Katze und dann noch vier Paar Tauben.“

„Und Sie mußten sie dalassen?“ fragte ich.

„Ja, wegen der Artillerie. Der Hauptmann befahl mir, fortzugehen wegen der Artillerie.“

„Und Sie haben keine Familie?“ fragte ich und beobachtete das jenseitige Ende der Brücke, wo ein paar letzte Karren die Uferböschung herunterjagten.

„Nein“, sagte er, nur die Tiere, die ich angegeben habe. Der Katze wird natürlich nichts passieren. Eine Katze kann für sich selbst sorgen, aber ich kann mir nicht vorstellen, was aus den anderen werden soll.“

„Wo stehen Sie politisch?“ fragte ich.

„Ich bin nicht politisch“, sagte er. „Ich bin sechsundsiebzig Jahre alt. Ich bin jetzt zwölf Kilometer gegangen, und ich glaube, daß ich jetzt nicht weitergehen kann.“

„Dies ist kein guter Platz zum Bleiben“, sagte ich. „Falls Sie es schaffen können, dort oben, wo die Straße nach Toronto abzweigt, sind Lastwagen.“

„Ich will ein bißchen warten“, sagte er, „und dann werde ich gehen. Wo fahren die Lastwagen hin?“

„Nach Barcelona zu“, sagte ich zu ihm.

„Ich kenne niemand in der Richtung“, sagte er, „aber danke sehr. Nochmals sehr schönen Dank.“

Er blickte mich ganz ausdruckslos und müde an, dann sagte er, da er seine Sorgen mit jemandem teilen mußte: „Der Katze wird nichts passieren, das weiß ich; man braucht sich wegen der Katze keine Sorgen zu machen. Aber die andern; was glauben Sie wohl von den andern?“

„Ach, wahrscheinlich werden sie heil durch alles durchkommen.“

„Glauben Sie das?“

„Warum nicht?" sagte ich und beobachtete das jenseitige Ufer, wo jetzt keine Karren mehr waren.
„Aber was werden sie unter der Artillerie tun, wo man mich wegen der Artillerie fortgeschickt hat?"
„Haben Sie den Taubenkäfig unverschlossen gelassen?" fragte ich.
„Ja."
„Dann werden sie wegfliegen."
„Ja, gewiß werden sie wegfliegen. Aber die andern? Es ist besser, man denkt nicht an die andern", sagte er.
„Wenn Sie sich ausgeruht haben, sollten Sie gehen", drängte ich. „Stehen Sie auf, und versuchen Sie jetzt einmal zu gehen."
„Danke", sagte er und stand auf, schwankte hin und her und setzte sich dann rücklings in den Staub.
„Ich habe Tiere gehütet", sagte er eintönig, aber nicht mehr zu mir. „Ich habe doch nur Tiere gehütet."
Man konnte nichts für ihn tun. Es war Ostersonntag, und die Faschisten rückten gegen den Ebro vor. Es war ein grauer, bedeckter Tag mit tiefliegenden Wolken, darum waren ihre Flugzeuge nicht am Himmel. Das und die Tatsache, daß Katzen für sich selbst sorgen können, war alles an Glück, was der alte Mann je haben würde.

Ernest Hemingway

Diese Kurzgeschichte entstand im Jahre 1938 während des Spanischen Bürgerkrieges, an dem Hemingway als Berichterstatter teilnahm, nachdem er 40 000 Dollar zur Beschaffung von Krankenwagen für die republikanische Armee zur Verfügung gestellt hatte.

Flüchtig gesehen handelt es sich bei dieser Kurzgeschichte um eine Episode am Rande des Kriegsgeschehens. Ihr Erzähler ist ein namenloser Offizier der Internationalen Brigade, der den Auftrag hat, auszukundschaften, wie weit sich der Feind bereits dem Brückenkopf am Ebro-Delta genähert hat.

Bei eingehender Betrachtung aber zeigt sich, daß wir es hier mit einem literarischen Kunstwerk von großer Eindringlichkeit und nachhaltiger

Wirkung zu tun haben, bei dem Inhalt und sprachliche Fassung eine organische Einheit bilden.

In sechs Sätzen gestaltet der Erzähler die Situation: ein alter Mann sitzt am Straßenrand neben einer Pontonbrücke über den Fluß (den Ebro), die von Menschen und Tieren und Fahrzeugen aller Art in Hast überquert wird. Nur der alte Mann, der sich mit letzter Kraft über die Brücke geschleppt hat, sitzt da, „ohne sich zu bewegen". Er erregt dadurch die Aufmerksamkeit des Erzählers, der, von einem Kontrollgang über die Pontonbrücke zurückkehrend, ihn immer noch regungslos vorfindet, während der Verkehr auf der Brücke schon erheblich nachgelassen hat.

Der sich nun entwickelnde Dialog zwischen dem Offizier und dem alten Mann erstreckt sich bis zum letzten Abschnitt der Geschichte. Der Offizier scheint nur mit halber Aufmerksamkeit dabei zu sein, da er ja den Brückenkopf beobachten muß, und seine nüchternen diesbezüglichen Bemerkungen („Ich beobachtete die Brücke ... und war neugierig, wie lange es wohl jetzt noch dauern würde, bevor wir den Feind sehen würden, und ich horchte die ganze Zeit über auf die ersten Geräusche, die immer wieder das geheimnisvolle Ereignis ankündigen, das man ‚Fühlung nehmen' nennt ... und beobachtete das jenseitige Ende der Brücke, wo ein paar letzte Karren den Uferhang hinunterjagten ... und beobachtete das jenseitige Ufer, wo jetzt keine Karren mehr waren") schaffen eine Atmosphäre unheimlicher Erwartung und drohenden Unheils. Die Brücke wird zum Niemandsland, und der ermattete Alte und der Erzähler sind bald die einzigen Menschen weit und breit. Das Gesprächsthema der beiden Männer in dieser unheilschwangeren Atmosphäre ist das Schicksal des alten Mannes: Er hat auf Befehl eines Hauptmanns als letzter seine Heimatstadt San Carlos verlassen, wo er „Tiere gehütet" hat. Diese Tiere (eine Katze, zwei Ziegen und vier Paar Tauben) hat der alte Mann zurücklassen müssen, und das ist seine größte Sorge: „Der Katze wird natürlich nichts passieren. Eine Katze kann für sich selbst sorgen, aber ich kann mir nicht vorstellen, was aus den andern werden soll." Zweimal wiederholt er in leicht abgewandelter Form diese bekümmerten Sätze. Da er den Taubenkäfig unverschlossen gelassen hat, darf er hoffen, daß sich auch die Tauben retten werden. „Aber die andern? Es ist besser, man denkt nicht an die andern." Diese Tiere des alten Mannes, die vom Kriege, seinen Ursachen und dem vermeintlichen Sinn der Kämpfe nichts wissen, stehen hier stellvertretend für die Kreatur überhaupt, der durch das Tun des Menschen ungeheures Leid zugefügt wird.

Auch der alte Mann ist den Ereignissen dieses Krieges schutzlos preisgegeben. Wegen des zu befürchtenden Artilleriebeschusses hat er seine Heimatstadt und seine Tiere verlassen müssen. Zwölf Kilometer ist er gegangen, er hat die Pontonbrücke überquert, und nun sitzt er in seiner ganzen Armseligkeit, mit staubigen schwarzen Sachen, mit einem grauen, staubigen Gesicht und einer Stahlbrille am Straßenrand und ist zu müde, um noch weiterzugehen. Sein ganzes äußeres Elend und seine innere Not werden in seiner Antwort auf die Frage des Offiziers nach seiner politischen Einstellung offenbar: „Ich bin nicht politisch. Ich bin 76 Jahre alt. Ich bin jetzt zwölf Kilometer gegangen, und ich glaube, daß ich jetzt nicht weitergehen kann." Für ihn ist es völlig gleichgültig, ob die Republikaner den Kampf gewinnen oder die Faschisten. Er hat nur die Folgen der Politik mitzutragen: den Krieg und die Vertreibung aus seiner Stadt, wo er seine Tiere zurücklassen mußte, die der Krieg vielleicht ebenso vernichten wird wie ihn selbst.

Und nun sitzt er ermattet an der Brücke, über die es für ihn kein Zurück mehr gibt, kein Zurück in seine Stadt und zu seinen Tieren, mit denen er glücklich gewesen ist. Diese Brücke, die zwei Ufer verbindet, trennt ihn von seinem einstigen Glück. Auf das gütliche Zureden des Offiziers hin versucht er zwar aufzustehen, um weiterzugehen und die Lastwagen in Richtung Barcelona zu erreichen, obgleich er „niemand in der Richtung kennt"; aber er schwankt hin und her und setzt sich dann rücklings in den Staub. Die letzten Worte, die wir von ihm hören, offenbaren seine völlige Resignation in einer völlig ausweglosen

Absender

Herr/ Frau

Straße

PLZ, Ort

Telefon

Bitte
freimachen

hv
Hahner
Verlagsgesellschaft

Heidchenberg 11

52076 Aachen-Hahn

Bestellung

Bestell-Nr.	Stückzahl	Titel

☐ Bitte informieren Sie mich über Ihre Neuerscheinungen

Datum Unterschrift

Lage: „‚Ich habe Tiere gehütet', sagte er eintönig, aber nicht mehr zu mir. ‚Ich habe doch nur Tiere gehütet'." Und der Erzähler fügt hinzu: „Man konnte nichts für ihn tun." So unpathetisch diese Worte gesagt werden, eine so bittere Anklage enthalten sie gegen eine Zeit, deren Mächte Menschen und Tiere zu hilflos ausgesetzten Wesen machen.

Erst im letzten Abschnitt erfahren wir den genauen Tag, an dem sich diese scheinbar so handlungsarme Episode abspielt, erfahren wir auch, zu welcher der kämpfenden Parteien der Erzähler gehört: „Es war Ostersonntag, und die Faschisten rückten gegen den Ebro vor. Es war ein grauer, bedeckter Tag mit tiefliegenden Wolken, darum waren ihre Flugzeuge nicht am Himmel. Das und die Tatsache, daß Katzen für sich selbst sorgen können, war alles an Glück, was der alte Mann je haben würde."

So endet die Geschichte im völligen Dunkel der Hoffnungslosigkeit. Zieht sich nicht durch die ganze Geschichte eine Vorahnung dessen, was in weit größerem Ausmaß Millionen von Menschen als Schicksal drohte? – Ein Jahr nach der Niederschrift dieser Kurzgeschichte begann der Zweite Weltkrieg.

„Alter Mann an der Brücke" ist der Titel dieser Kurzgeschichte, und wir können rückschauend feststellen, daß dieser Titel ihren ganzen Aussagegehalt zusammenfaßt. Der namenlose alte Mann steht stellvertretend für alle jene Menschen, denen der Krieg unsägliches Leid zugefügt hat. Die Brücke aber, sonst die Verbindung zwischen Menschen auf zwei Ufern, trennt ihn nun für immer von seiner Heimatstadt und seinen Tieren, der einzigen Freude seines Alters.

Bedeutsam ist auch die Rolle des Erzählers, der von sich selbst kein Aufhebens macht und nur Auge und Ohr zu sein scheint für die Vorgänge auf beiden Ufern der Brücke. So nüchtern scheinbar und ohne gefühlsmäßige Anteilnahme er alles registriert und über sein Gespräch mit dem alten Mann berichtet, so erkennen wir doch in diesem republikanischen Offizier den Dichter selbst, der in seiner dichterischen „Reportage" ein vernichtendes Urteil über seine Zeit fällt.

Es wurde bereits erwähnt (vgl. S. 9), daß Hemingway, einer der berühmtesten amerikanischen Short story-Autoren der „Lost generation“, mit seinen „49 stories“ unmittelbar nach dem Kriege einen starken Einfluß auf die junge deutsche Dichtergeneration ausgeübt hat. Sein „Alter Mann an der Brücke“ ist eine seiner eindrucksvollsten Kurzgeschichten und auch schon Schülern des 9. oder 10. Schuljahrs zugänglich.

Wie bei allen Kurzgeschichten kommt es auch bei dieser im Unterricht darauf an, daß die Schüler ihren dichterischen Gehalt an ihrer besonderen Gestalt verstehen lernen. Dafür ist zunächst erforderlich, daß sie die Situation, wie sie im ersten der vier Abschnitte umrissen wird, klar erfassen und sich über die Rolle des Erzählers, der erst im zweiten Abschnitt persönlich in Erscheinung tritt, klar werden. Nur wenn das der Fall ist, werden sie auch das Gespräch des Offiziers mit dem alten Mann in seiner hintergründigen Bedeutsamkeit verstehen und die darin eingestreuten Beobachtungen des Offiziers als Situations- und Atmosphäreveränderungen zu deuten imstande sein.

Die letzten, klagenden Worte des alten Mannes, „Ich habe doch nur Tiere gehütet“ und der erläuternde Satz des Erzählers, „Man konnte nichts für ihn tun“, bilden gleichsam das Résumé der Geschichte. Ihre letzten drei Sätze verdüstern das Bild noch durch die Erwähnung des Osterfestes als Datum des Geschehens, das in diesem Zusammenhang fast wie ein Hohn wirkt und die ganze menschliche Ohnmacht offenbart.

Was kann der Lehrer tun, um den Schülern bei der Erschließung dieses Kunstwerks zu helfen? Am besten kündigt er die Geschichte mit dem Hinweis an, es handele sich um eine Geschichte aus dem Spanischen Bürgerkriege. Nun ist kaum zu erwarten, daß die Schüler ad hoc etwas über diesen Krieg zu berichten wissen, der am 18. Juli 1936, nach der Ermordung eines monarchistischen Generals, mit der Erhebung einiger Generale (darunter Franco) gegen die im Februar desselben Jahres gegründete Volksfrontregierung begann und auf beiden Seiten mit großer Grausamkeit und Unerbittlichkeit geführt wurde, bis General Franco, der Caudillo, am 1. April 1939 als Sieger in Madrid einzog.

Es empfiehlt sich, diese politischen Hintergründe den Schülern vor der Darbietung der Geschichte kurz und sachlich nüchtern zu umreißen. Dann liest der Lehrer die Geschichte so schlicht und unpathetisch vor, wie sie vom Dichter erzählt wird. Erfahrungsgemäß macht sie einen tiefen Eindruck auf die Schüler, und es wäre psychologisch und methodisch nicht zu rechtfertigen, diese sofort zu einer Aussprache zu drängen. Nach einer Besinnungspause, in der die Schüler die Geschichte noch einmal überdenken sollen, kommt das Gespräch von selbst in Gang, wenn auch anfangs noch etwas zögernd. Es ist nie vorauszusehen, mit welcher Frage oder Äußerung der Schüler es beginnt. Der Lehrer muß nur stets darauf bedacht sein, die Geschichte nicht zerreden zu lassen, sondern muß darauf achten, daß ihre inneren Zusammenhänge an der Erzählstruktur und an den feinen sprachlichen Nuancen erfaßt werden. Das wird immer erneute Ansätze nötig machen, bis die Situation völlig klar ist, der überzeitliche Gehalt der Geschichte erfaßt und ihre besondere Art der dichterischen Gestaltung erkannt und gewertet wird.

Interpretationen zu dieser Kurzgeschichte:

Heinz Piontek: Graphik in Prosa. In: Buchstab Zauberstab. Eßlingen 1959.

Friedrich Leiner: Ernest Hemingway, Alter Mann an der Brücke. In: „Interpretationen moderner Kurzgeschichten". Frankfurt a. M. 1956.

DIE KÜCHENUHR

Sie sahen ihn schon von weitem auf sich zukommen, denn er fiel auf. Er hatte ein ganz altes Gesicht, aber wie er ging, daran sah man, daß er erst zwanzig war. Er setzte sich mit seinem alten Gesicht zu ihnen auf die Bank. Und dann zeigte er ihnen, was er in der Hand trug.

Das war unsere Küchenuhr, sagte er und sah sie alle der Reihe nach an, die auf der Bank in der Sonne saßen. Ja, ich habe sie noch gefunden. Sie ist übriggeblieben.

Er hielt eine runde tellerweiße Küchenuhr vor sich hin und tupfte mit dem Finger die blaugemalten Zahlen ab.

Sie hat weiter keinen Wert, meinte er entschuldigend, das weiß ich auch. Und sie ist auch nicht so besonders schön. Sie ist nur wie ein Teller, so mit weißem Lack. Aber die blauen Zahlen sehen doch ganz hübsch aus, finde ich. Die Zeiger sind natürlich nur aus Blech. Und nun gehen sie auch nicht mehr. Nein. Innerlich ist sie kaputt, das steht fest. Aber sie sieht noch aus wie immer. Auch wenn sie jetzt nicht mehr geht.

Er machte mit der Fingerspitze einen vorsichtigen Kreis auf dem Rand der Telleruhr entlang. Und er sagte leise: Und sie ist übriggeblieben.

Die auf der Bank in der Sonne saßen, sahen ihn nicht an. Einer sah auf seine Schuhe, und die Frau sah in ihren Kinderwagen. Dann sagte jemand: Sie haben wohl alles verloren?

Ja, ja, sagte er freudig, denken Sie, aber auch alles! Nur sie hier, sie ist übrig. Und er hob die Uhr wieder hoch, als ob die anderen sie noch nicht kannten.
Aber sie geht doch nicht mehr, sagte die Frau.

Nein, nein, das nicht. Kaputt ist sie, das weiß ich wohl. Aber sonst ist sie doch noch ganz wie immer: weiß und blau. Und wieder zeigte er ihnen seine Uhr. Und was das Schönste ist, fuhr er aufgeregt fort, das habe ich Ihnen ja noch überhaupt nicht erzählt. Das Schönste kommt nämlich noch: Denken Sie mal, sie ist um halb drei stehengeblieben. Ausgerechnet um halb drei, denken Sie mal.

Dann wurde Ihr Haus sicher um halb drei getroffen, sagte der Mann und schob wichtig die Unterlippe vor. Das habe ich schon oft gehört. Wenn die Bombe runtergeht, bleiben die Uhren stehen. Das kommt von dem Druck.

Er sah seine Uhr an und schüttelte überlegen den Kopf. Nein, lieber Herr, nein, da irren Sie sich. Das hat mit den Bomben nichts zu tun. Sie müssen nicht immer von den Bomben reden. Nein. Um halb drei war ganz etwas anderes, das wissen Sie nur nicht. Das ist nämlich der Witz, daß sie gerade um halb drei stehengeblieben ist. Und nicht um viertel nach vier oder um sieben. Um halb drei kam ich nämlich immer nach Hause. Nachts, meine ich. Fast immer um halb drei. Das ist ja gerade der Witz.

Er sah die anderen an, aber die hatten ihre Augen von ihm weggenommen. Er fand sie nicht. Da nickte er seiner Uhr zu: Dann hatte ich natürlich Hunger, nicht wahr? Und ich ging immer gleich in die Küche. Da war es dann fast immer halb drei. Und dann, dann kam nämlich meine Mutter. Ich konnte noch so leise die Tür aufmachen, sie hat mich immer gehört. Und wenn ich in der dunklen Küche etwas zu essen suchte, ging plötzlich das Licht an. Dann stand sie da in ihrer Wolljacke und mit einem roten Schal um. Und barfuß. Immer barfuß. Und dabei war unsere Küche gekachelt. Und sie machte ihre Augen ganz klein, weil ihr das Licht so hell war. Denn sie hatte ja schon geschlafen. Es war ja Nacht.

So spät wieder, sagte sie dann. Mehr sagte sie nie. Nur: So spät wieder. Und dann machte sie mir das Abendbrot warm und sah zu, wie ich aß. Dabei scheuerte sie immer die Füße aneinander, weil die Kacheln so kalt waren. Schuhe zog sie nachts nie an. Und sie saß so lange bei mir, bis ich satt war. Und dann hörte ich sie noch die Teller wegsetzen, wenn ich in meinem Zimmer schon das Licht ausgemacht hatte. Jede Nacht war es so. Und meistens immer um halb drei. Das war ganz selbstverständlich, fand ich, daß sie mir nachts um halb drei in der Küche das Essen machte. Ich fand das ganz selbstverständlich, sie tat das ja immer. Und sie hat nie mehr gesagt als: So spät wieder. Aber das sagte sie jedesmal. Und ich dachte, das könnte nie aufhören. Es war mir so selbstverständlich. Das alles war doch immer so gewesen.

Einen Atemzug lang war es ganz still auf der Bank. Dann sagte er leise: Und jetzt? Er sah die anderen an. Aber er fand sie nicht. Da sagte er der Uhr leise ins weißblaue runde Gesicht: Jetzt, jetzt weiß ich, daß es das Paradies war. Das richtige Paradies.

Auf der Bank war es ganz still. Dann fragte die Frau: Und Ihre Familie? Er lächelte sie verlegen an: Ach, Sie meinen meine Eltern? Ja, die sind auch mit weg. Alles ist weg. Alles, stellen Sie sich vor. Alles weg. Er lächelte verlegen von einem zum anderen. Aber sie sahen ihn nicht an. Da hob er wieder die Uhr hoch, und er lachte. Er lachte: Nur sie hier. Sie ist übrig. Und das schönste ist ja, daß sie ausgerechnet um halb drei stehengeblieben ist. Ausgerechnet um halb drei.

Dann sagte er nichts mehr. Aber er hatte ein ganz altes Gesicht. Und der Mann, der neben ihm saß, sah auf seine Schuhe. Aber er sah seine Schuhe nicht. Er dachte immerzu an das Wort Paradies.

Wolfgang Borchert

Auch diese Kurzgeschichte spielt, wie „Das Holz für morgen“ vom gleichen Verfasser, unmittelbar nach dem Kriege, und hier wie dort ist ein namenloser junger Mann die Hauptperson. Das Geschehen ist scheinbar noch unbedeutender als in der anderen Geschichte: Ein junger Mann mit einem „ganz alten Gesicht“ setzt sich zu einigen Leuten auf eine Bank in der Sonne, zeigt ihnen eine alte Küchenuhr und erzählt ihnen, sie sei das einzige Erinnerungsstück an seine Mutter, das er aus dem zerbombten Elternhause gerettet habe.

Das ist der ganze Inhalt der Geschichte, die in einer nüchternen, saloppen Alltagssprache erzählt wird, wie sie dem Wesen und dem Bildungsgrad des jungen Mannes ebenso entspricht, wie sie einer aus den Fugen geratenen Zeit gemäß ist. Und doch handelt es sich hier um wesentlich mehr als um ein Alltagsgeschehen aus der unmittelbaren Nachkriegszeit.

Mit vier Sätzen umreißt der Dichter die Situation, die bis zur letzten Zeile die gleiche bleibt, in die aber Erinnerungsbilder eingeblendet sind, die wiederum zum Anlaß dafür werden, daß der junge Mann von dem zu sprechen beginnt, worum sein ganzes Denken kreist: „Das war unsere Küchenuhr ... Sie ist übriggeblieben.“ Damit deutet er den, man könnte sagen „Reliquiencharakter“ des Erinnerungsstückes an und weist zugleich entschuldigend auf ihre praktische Wertlosigkeit hin: „Sie hat weiter keinen Wert ... Und sie ist auch nicht besonders schön. Sie ist nur wie ein Teller, so mit weißem Lack ... Die Zeiger sind natürlich nur aus Blech. Und nun gehen sie auch nicht mehr. Nein. Innerlich ist sie kaputt, das steht fest.“ Gleichzeitig aber unterstreicht er den persönlichen Wert, den die Küchenuhr für ihn verkörpert: „Aber die blauen Zahlen sehen doch ganz hübsch aus ... Aber sie sieht noch aus wie immer.“ Und dreimal betont er: „Und sie ist übriggeblieben.“ Achtmal gar hebt er hervor, daß sie „ausgerechnet um halb drei“ stehengeblieben ist. Diese Tatsache wiederum ist es, die dem jungen Mann die scheinbar wertlose Küchenuhr nicht nur zu einem unersetzlichen Erinnerungsstück macht, sondern zu einem Symbol der Geborgenheit, der Liebe seiner Mutter, ja „des Paradieses“.

Um halb drei ist der junge Mann immer von seiner Nachtarbeit nach Hause gekommen – ob aus einer Munitionsfabrik oder einem anderen „kriegswichtigen“ Betrieb, ist nebensächlich und wird nicht erwähnt –, und er fand es ganz selbstverständlich, daß seine Mutter dann immer aufstand, ihm das Essen machte und sich so lange zu ihm setzte, bis er satt war. „Und ich dachte, das könnte nie aufhören. Es war mir so selbstverständlich. Das war doch immer so gewesen ... Jetzt, jetzt weiß ich, daß es das Paradies war. Das richtige Paradies.“

Die Erinnerung an dieses Paradies, symbolisiert in der um halb drei stehengebliebenen Küchenuhr, die innerlich „kaputt“ ist, aber noch aussieht wie immer, hat den jungen Mann, dessen Gesicht durch sein erschütterndes Erleben ganz alt geworden ist, innerlich davor bewahrt, daß auch sein Geist und sein Gemüt zerstört wurden. So legt er Zeugnis dafür ab, daß es auch in einer Welt des Chaos unzerstörbare Werte gibt, die den Menschen aufzurichten und zu erhalten vermögen; sein „altes Gesicht“ aber ist gleichsam der Preis, den er für diese Einsicht hat zahlen müssen, eine Einsicht, die der Mensch gemeinhin erst im Alter gewinnt.

„Die Küchenuhr“ ist wohl die komprimierteste Kurzgeschichte Wolfgang Borcherts und zugleich bei aller Saloppheit und Unbekümmertheit der Sprache eine der kunstvollsten. Der Dichter erreicht hier, nicht zuletzt durch das Stilmittel der Wiederholung, eine kaum mehr zu steigernde Intensität des Ausdrucks, so daß die Frage berechtigt erscheint, ob vierzehn- oder fünfzehnjährige Schüler überhaupt fähig sind, diese Geschichte in der Tiefe ihrer Aussagekraft nachzuerleben. Vor zwanzig Jahren ist diese Geschichte entstanden, und was in ihr erzählt wird, wirkte damals noch wie ein böser Alptraum in der Erinnerung nach. Die Schulkinder unserer Tage kennen jene Zeit nur noch vom Hörensagen; deswegen ist es nicht verwunderlich, daß sie dieser Geschichte zunächst etwas unsicher und hilflos gegenüberstehen, und – wenn sie sich überhaupt mit Fragen an den Lehrer wenden – daß diese Fragen zunächst recht Vordergründiges betreffen. Das ist besonders dann der Fall, wenn ihnen die Form der modernen Kurzgeschichte noch wenig oder gar nicht vertraut ist. Vielleicht ist der Lehrer auch enttäuscht, wenn „Die Küchenuhr“ zunächst nicht den tiefen Eindruck auf die Kinder macht, den er selbst davon empfangen hat. Er wird sich gerade dann um so redlicher bemühen, ihnen dieses Kunstwerk aufschließen zu helfen.

In ihrem vordergründigen Geschehen bedarf die Geschichte keiner klärenden Vorbesprechung; der Lehrer kann sie den Schülern ohne Vorbereitung vorlesen, am besten ohne Überschrift. Beim Vorlesen wird er, der Diktion der Geschichte angemessen, jegliches Pathos ebenso vermeiden wie allzugroße Nonchalance, zu der ihn einzelne Ausdrücke und Redewendungen verführen könnten.

Erfahrungsgemäß ist der Gesamteindruck der Geschichte auf die Schüler sehr unterschiedlich. Da ihr Erfassen die Fähigkeit voraussetzt, Symbole als solche zu verstehen und zu deuten, diese Fähigkeit sich aber gemeinhin erst im 7. und 8. Schuljahr entwickelt, sollte der Lehrer diese Geschichte frühestens in der zweiten Hälfte des 8. Schuljahres behandeln. Besser ist es noch, er wartet damit bis zum 9. Schuljahr. Und selbst dann sollte er sich stets bewußt bleiben, daß sie für Kinder unserer Tage viele Fragen aufwirft, die sie von sich aus nicht zu beantworten vermögen.

In allen Hauptschul- und Realschulklassen, in denen ich „Die Küchenuhr“ behandelt habe, stellten die Schüler nach dem Vorlesen der Geschichte zunächst folgende Fragen: Wann spielt die Geschichte? – Warum kam der junge Mann immer erst um 1/2 3 Uhr des Nachts nach Hause? – Warum erzählt er den Leuten auf der Bank die Geschichte, obwohl sie doch anscheinend nichts von ihm wissen wollten? – Sein Verhalten ist so sonderbar. (Auf die Frage: „Sie haben wohl alles verloren?“ antwortet er *freudig* mit ja, und zweimal heißt es: er *lachte*, als er die Uhr hoch hob und dazu sagte: „Nur sie hier. Sie ist übrig.“ – „Ist der junge Mann denn geistesgestört?“)

Von diesen vier Fragen aus können wir den Schülern helfen, sich die Geschichte selbst zu erschließen.

Wann spielt die Geschichte? Präzise Angaben darüber enthält die Geschichte selbst nicht. Aus der Tatsache aber, daß die Eltern des jungen Mannes bei einem Bombenangriff ums Leben gekommen sind, und aus dem Wissen um die Entstehungszeit der Geschichte (erste Jahreshälfte 1947) können wir darauf schließen, daß sie unmittelbar nach dem Kriege spielt.

Die Frage: Warum erzählt der junge Mann den Leuten auf der Bank die Geschichte? führt in deren eigentlichen Kern. Die Vermutungen der Schüler, daß er sich nach dem Tode seiner Eltern einsam fühle und „Kontakt“ mit anderen Menschen suche, sind zwar richtig, führen aber erst dann zum Wesentlichen der Geschichte, wenn die Schüler erkannt haben, was die Küchenuhr, die „ausgerechnet um halb drei und nicht um viertel nach vier oder um sieben“ stehengeblieben ist, für den jungen Mann bedeutet: Erinnerungsstück und Symbol in einem. „Und das Schönste ist ja, daß sie ausgerechnet um halb drei stehengeblieben ist. Ausgerechnet um halb drei.“ Für ihn ist die ganze Vergangenheit mit ihrer so glücklichen Geborgenheit in der liebenden Fürsorge seiner Mutter gleichsam in diesem Augenblick geronnen, in dem er von der Arbeit nach Hause kam und das „Bemuttertwerden“ als etwas Selbstverständliches genoß, von dem er jetzt aber weiß, daß es nichts Selbstverständliches war, sondern das P a r a d i e s. Zu dieser Erkenntnis aber ist er erst gekommen, nachdem ihm alles zerstört worden ist, was er besaß. Dieses beglückende Wissen möchte er mit anderen teilen. Deshalb trägt er die Küchenuhr als das Unterpfand des einstigen Glücks mit sich herum, um sie den anderen zu zeigen. Deshalb auch weist er mit einem überlegenen Kopfschütteln die durchaus berechtigte Vermutung des Mannes auf der Bank zurück, die Uhr sei infolge des Luftdrucks beim Bombeneinschlag um halb drei stehengeblieben: „Nein, lieber Herr, nein, da irren Sie sich. Das hat mit den Bomben nichts zu tun. Sie müssen nicht immer von den Bomben sprechen. Nein, um halb drei war ganz etwas anderes, das wissen Sie nur nicht.“ Diese gleichsam gefrorene Uhrzeit hat für ihn eine so starke existenzielle Bedeutung, daß ihm der Kausalzusammenhang zwischen Bombenwurf und gefrorener Uhrzeit daneben nichtig erscheint. Nicht von ihm wird er innerlich noch so stark erregt und bewegt, daß er davon sprechen muß, sondern von dem Erlebnis der aufopfernden Mutterliebe zu der auf der Uhr für immer festgehaltenen Stunde.

Wie wirkt nun die von dem jungen Mann erzählte Geschichte von der Küchenuhr auf seine Zuhörer? Als er ihnen seine Uhr gezeigt und auf ihre Wertlosigkeit hingewiesen hat, heißt es: „Die auf der Bank in der Sonne saßen, sahen ihn nicht an. Einer sah auf seine Schuhe, und die Frau sah in ihren Kinderwagen.“ – Sind sie durch das Kriegserleben so abgestumpft und teilnahmslos für das Schicksal anderer geworden, daß sie nichts mehr anzugehen scheint? – Immerhin fragt „jemand“: „Sie haben wohl alles verloren?“ Und diese Frage veranlaßt den jungen Mann weiterzusprechen, aber nicht in klagendem oder anklagendem Ton, wie man vermuten könnte, sondern „freudig“. Wiegt die Rettung der Uhr denn alle anderen Verluste so vollständig auf, daß er darüber freudig gestimmt wird und sie wieder hochhebt, „als ob die anderen sie noch nicht kannten“?

Nachdem er ihnen das eigentliche Geheimnis der „eingefrorenen“ Uhrzeit angedeutet hat – nicht pathetisch, eher schnodderig („Das ist ja gerade der Witz“) –, heißt es: „Er sah die anderen an, aber die hatten ihre Augen von ihm weggenommen. Er fand sie nicht.“ – Sind sie so nachdenklich geworden, daß sie den jungen Mann nicht mehr anzusehen wagen? Oder ist der junge Mann, wie die Schüler eingangs vermuteten, wirklich geistesgestört, so daß die anderen sich gleichsam genieren, ihm in die Augen zu sehen? So bleibt ihm nur noch die Uhr als Zuhörer, die „kaputte“ Uhr, die zugleich der einzige Zeuge dessen ist, was er nun in aller Ausführlichkeit als das eigentlich Erzählenswerte, das Besondere im Alltäglichen des Geschehens vor sich hin erzählt.

Was aber ist die Wirkung auf die Zuhörer? „Einen Atemzug lang war es ganz still auf der Bank. Dann sagte er leise: und jetzt? Er sah die anderen an. Aber er fand sie nicht. Da sagte er der Uhr leise ins weißblaue runde Gesicht: Jetzt, jetzt weiß ich, daß es das Paradies war. Das richtige Paradies." Damit hat er den Kernsatz der ganzen Geschichte ausgesprochen, deren Wirkung auf die Zuhörer in den Worten angedeutet ist: „Auf der Bank war es ganz still." – Noch einmal wird das Gespräch aufgenommen, und zwar durch die Frage der Frau: „Und Ihre Familie?" Die Antwort des jungen Mannes ist von einem verlegenen Lächeln begleitet: „Ach, Sie meinen meine Eltern? Ja, die sind auch mit weg! Alles ist weg. Alles, stellen Sie sich vor. Alles weg. Er lächelte verlegen von einem zum andern." Dieses verlegene Lächeln und die etwas schnodderige Ausdrucksweise über den Verlust der Eltern könnten wiederum die Vermutung aufkommen lassen, der junge Mann sei geistesgestört. Diese Vermutung scheint durch das Verhalten der Zuhörer bestätigt zu werden: „Aber sie sahen ihn nicht an." Wieder ist er allein mit seiner Uhr. „Da hob er diese wieder hoch, und er lachte. Er lachte: Nur sie hier. Sie ist übrig", und um gleichsam sein Lachen, seine innere Freude zu begründen, fügt er hinzu: „Und das schönste ist ja, daß sie ausgerechnet um halb drei stehengeblieben ist. Ausgerechnet um halb drei." Mit dieser erneuten Erwähnung der Uhrzeit (zum achtenmal in der Geschichte) schließt sein Bericht. „Dann sagte er nichts mehr. Aber er hatte ein ganz altes Gesicht." Der Kontakt mit seinen Zuhörern hat aufgehört, und der junge Mann ist wieder ganz allein: „Und der Mann, der neben ihm saß, sah auf seine Schuhe. Aber er sah seine Schuhe nicht. Er dachte immerzu an das Wort Paradies." – Also ist es dem jungen Manne gelungen, mit seiner Geschichte die Seele wenigstens eines seiner Zuhörer zu erreichen und zu bewegen, und das letzte Wort der Geschichte ist bezeichnenderweise „Paradies", eine gefühlvolle Steigerung des Begriffes „heile Welt" ins Überirdische.

Es wird wiederholter Ansätze des Lehrers bedürfen, bis die Schüler bei ständigem Heranziehen der entsprechenden Textstellen von der diffusen Ganzheit des ersten Eindrucks, den die Geschichte auf sie gemacht hat, auf dem Wege über die Analyse der durch ihre Fragen angeregten einzelnen Aspekte zur Synthese und zur geklärten Ganzheit dieses literarischen Kunstwerks gelangen, bei dem Inhalt, Gehalt und sprachliche Gestalt eine vollkommene Einheit bilden.

Ein unterrichtspraktischer Hinweis sei noch gestattet. Auf Seite 36 wurde empfohlen, die Geschichte *ohne* die Überschrift vorzulesen. Das hat aber nur dann einen Sinn, wenn alle Schüler den Text ohne Überschrift in der Hand haben (als hektographischen Abzug). Nur dann ist es sinnvoll, die Schüler zum Abschluß der Behandlung die Überschrift selbst finden und ihre Wahl begründen zu lassen. Die Erfahrung hat gelehrt, daß die Schüler, denen die Geschichte ja unbekannt ist (und das ist Voraussetzung!), in ihrer überwiegenden Mehrzahl dieselbe Überschrift wählen, die der Dichter der Geschichte gegeben hat. Wenn sie diese Wahl dann begründen können, so haben sie gleichsam das Fazit aus der unterrichtlichen Behandlung gezogen und diese „auf einen gemeinsamen Nenner" gebracht.

Interpretationen zu dieser Kurzgeschichte:

R. Ulshöfer: Der magische Realismus in Wolfgang Borcherts Kurzgeschichten. In: „Der Deutschunterricht" 1955, H. 1, S. 36–38.

R. Lorbe: Die deutsche Kurzgeschichte der Jahrhundertmitte. In: „Der Deutschunterricht" 1957, H. 1, S. 45–47.

R. Ulshöfer: Unterrichtliche Probleme bei der Arbeit mit der Kurzgeschichte. In: „Der Deutschunterricht" 1958, H. 6, S. 23.

W. Zimmermann: Wolfgang Borchert, Die Küchenuhr. In: „Deutsche Prosadichtungen unseres Jahrhunderts" Teil II (Neufassung), Düsseldorf 1967.

H. Haller: Wolfgang Borchert, Die Küchenuhr. In: „Interpretationen zu Erzählungen der Gegenwart". Frankfurt a. M. 1964, S. 49–51.

Erde unter dem Schnee

Wittek trat aus dem Haus. Es war Sonntag. Seine Sonntagshose beulte an den Knien, seine Halbschuhe waren nicht mehr neu, aber spiegelblank; stählerne Lichter flackerten über die Kappen. Den Rock, den er zum Kirchgang getragen, hatte er abgelegt und mit einer geflickten Joppe vertauscht. Barhäuptig ging er über den Hof. Ein frostiger, strahlender Tag, vor dem Mittagsläuten, der Schnee krachte unter den Sohlen. Wittek hatte Zeit, zu viel Zeit, schien ihm. Er ging den Stapfen nach, die um den Maschinenschuppen bogen. An der hinteren Schuppenwand, im Windschatten des Stalles, lehnte der Verschlag, in dem er seine Kaninchen untergebracht hatte. Die Tiere sahen ihn kommen, sie drängten sich an die Öffnungen, äugten und witterten durch den Maschendraht. Sie hatten graue und braune Winterpelze, ihre Barthaare zitterten. Er öffnete das Türchen, hinter dem sich ein Rudel Jungtiere balgte. Seine höckrige Hand fuhr zwischen sie und tätschelte die Felle. Sie schnupperten aufgeregt an der Hand, weiche zärtliche Schnauzen. Eine Weile spielte der Mann unbeholfen mit den Kaninchen. Dabei vergaß er nachzuschauen, ob das Futter im Napf gefroren war. Er war nicht bei der Sache.

Jetzt hielt er am Gatter zwischen den Eichen. Sein Blick stieß ins Dorf hinunter und vor zu den Bergen, die schneeverkrustet in den blendenden Himmel ragten. Er beschattete die Augen. Schön ist es hier, sagen sie, nun, vielleicht ist es schön hier, aber wenn ich daran denke, war es schöner in Wischonitz. An einem solchen Tage fuhren wir einmal im Schlitten nach Proskau. Nach Proskau war es eine knappe Stunde. Ich mußte die Pferde bewegen, sie standen schon zu lange hinter der Krippe, und in Proskau gingen wir zu den Zollkowskis, und dann fuhren wir zurück.

Wittek war ein kleiner, schmächtiger Mann, unter den hohen Bäumen sah er noch kleiner aus. Die Kälte hatte seine Ohren gerötet. Ein fünfzigjähriger Bauer, der kein Bauer mehr war. In den Gruben seines Gesichts standen die scharfen Schatten; die Lippen waren gesprungen. Hinter ihm klappten jetzt die Stalltüren, die Mägde schnatterten und schleppten rauchende Eimer zu den Trögen. Vorher war es still gewesen auf dem Hof. Wittek drehte sich langsam um. Er fror.

„Wann gehst du los?“ fragte der Sohn. Er lümmelte breitbeinig auf dem Stuhl, kippte ihn zurück; vom Herd stieg der Dampf und beschlug die kleinen Scheiben der Kammer. Der Sohn war um einen Kopf größer als der Vater, ein stämmiger Bursche mit dünnem Haar und starken Wülsten über den Augen.

„Nach dem Essen“, sagte Wittek. Er rührte sich nicht von der Tür weg.

Der Sohn spie das Zigarettenende geschickt aufs Blech vor dem Ofenloch. Dort zerquetschte er den Stummel mit der Schuhsohle. „Ich hab mit Bröser

gesprochen. Wenn ich ihm die Anzahlung morgen bringe, kann ich die Maschine gleich mitnehmen."
„Sei nur vorsichtig", mahnte die Mutter, die mit einem verrußten Haken in den Herdringen klirrte. Der Dampf wogte heiß um ihre dürren Hüften.
„Keine Angst", brummte der Sohn. Er wandte sich zu dem Mann an der Tür.
„Wenn du es schon vor zwei Jahren getan hättest, wären wir bei der Sache besser weggekommen."
„Laß ihn in Ruhe", sagte die Mutter. „Du weißt, warum er es nicht getan hat. Auch du hast gehofft . . ."
„Nichts habe ich", unterbrach sie der Junge. „Wischonitz! Fang bloß nicht davon an. Es ist doch kalter Kaffee, euer Wischonitz."
„Eine Schande, wie du über deine Heimat sprichst."
„Alles kalter Kaffee."
„Du redest wie ein Heide. Wir sollten dir kein Geld geben für das Motorrad."
„Nur weiter, das hör ich gern."
Wittek stand noch immer unter der Tür. Zerstreut hatte er das Gezänk verfolgt. Er atmete schwer. Die Enge der Kammer schnürte ihn; er sehnte sich nach einem Ort, von dem er nur wußte, daß es ihn nicht gab.
„Geh aus dem Weg", sagte die Frau. Sie verließ den Raum, eine leere Wasserkanne in der Linken.
Wittek schwitzte auf der Stirn. Er stieß das Fenster auf. Die Schwaden wehten hinaus in die klare Luft.
„Du hast eine große Schnauze", sagte der Alte.
Der Sohn fuhr mit Daumen und Zeigefinger in das angerissene Zigarettenpäckchen und sah dabei in die Luft.
Nach einiger Zeit begann es zu läuten im Dorf. Die Glocke klang hart und hell, sie war sehr deutlich zu hören. Der Mann verriegelte die klapprigen Flügel, ehe sie verstummte.
Zu Mittag aß er ohne Appetit, die süßen Birnen ließ er stehen. Er holte seinen Mantel aus der Stube, zog die mürbe Fellmütze über die Ohren. Dann stieg er die Treppe hinunter und klopfte bei dem Besitzer des Gehöftes an.

„Ich geh jetzt zum Wiedmayer und nehme das Pferd mit", sagte Wittek.
Der Bauer strich sich die feisten Backen, auf denen ein Gerinsel von Adern glühte. Schwer stemmte er sich aus der Sofaecke. Vor ihm die schmale Tonflasche und ein feuchtes Schnapsglas. Er war der Eigentümer eines reichen

Hofes und mehrerer Waldstücke. Die Feldarbeit schmeckte ihm nicht, aber er jagte und trank mit Vergnügen. Seit der Vertreibung hauste Wittek mit den Seinen in den Kammern unter des Bauern Dach. Hin und wieder verrichtete Wittek Tagelöhnerarbeit für den Besitzer.
„Es ist dein Pferd, denke ich", sagte der Bauer. Sein Baß rumpelte.
„Aber Sie müssen es wissen, daß ich es jetzt wegbringe."
Die Stube war aus Plüsch, Spiegeln und Eichenholz. Sie war groß wie ein Saal. Nebenan in der Küche spülte die Bäuerin das Geschirr.
„Wenn du dir die Sache richtig überlegt hast, Wittek, wird es nicht schlecht sein für dich", sagte der Bauer.
„Der Wiedmayer will es kaufen."
„Nichts übers Knie brechen soll man."
„Ich hab heute nacht nicht viel geschlafen."
„Da hast du dir gedacht, es ist gut, wenn ich's verkaufe, denn die Politik stinkt zum Himmel, wie?"
„Wir kommen nicht mehr heim, glaub ich, wir nicht. Vielleicht die, die jünger sind", sagte Wittek.
„Gut auf den Beinen bist du nicht, das sieht man. Aber Leute wie du können siebzig werden. Hab ich selber erlebt. Der Schnorr zum Beispiel. War auch so ein magerer Engel wie du. Zum Umpusten."
„Ich weiß nicht."
„Zwanzig Jahre sind eine lange Zeit", sagte der Bauer. Er schenkte sich einen Schnaps ein.
„In zehn Jahren ist das Pferd tot."
„Hab ich gesagt, daß es so lange dauern wird, bis ihr heimkommt? Eine ganz verfluchte Sünde wär's."
„Ich komme nicht mehr nach Wischonitz mit dem Pferd", sagte Wittek.
„Überleg dir's gut, Wittek. Steht es bei mir etwa schlecht im Futter? Hab ich knickrig gezahlt dafür, daß ich es eingespannt habe?"
„Es ist besser, ich verkauf's."
„Dann nimm es nur mit. Mir liegt nichts daran. Ich kauf die die Mähre nicht ab."

Als Wittek die Stalltür aufstieß, schwappte vor seinen Augen eine goldene Finsternis. Die Wärme war angenehm. Blind tappte er zu dem hintersten Stand. Dort hob er von einem starken Haken Kumt und Riemen. Die Stute, die ihm gehörte, bog den Hals und beobachtete ihn ausdruckslos. Er schirrte sie und zog sie auf den Hof, wo sich indessen Mutter und Sohn eingefunden hatten. Neben ihnen stand eine verwachsene Magd im Schnee. Sie hatte schön geschnittene Augen.

„So ein Jammer ist auf der Welt", sagte sie; ein Wölkchen blassen Atems flog über ihr Gesicht.

Witteks Frau wischte sich die Augen. Sie streichelte die Stirn des Tieres und fingerte zwei Würfel Zucker aus der Schürze. Es war das erste Mal in ihrem Leben, daß sie einem Pferd Zuckerstücke zwischen die flappenden Lippen schob. Auch der Magd kamen die Tränen.

„Macht kein Theater um den lausigen Schinder", sagte der Junge. Er griff in die Pferdemähne, dann klopfte er den Hals des Tieres mit der flachen Hand.

Wittek zog den Gaul hinter sich her; sie trotteten durchs Tor und schlugen den Weg zum Dorf ein. Die Stute hatte ein nußbraunes Fell, ihr Stirnhaar strähnte dünn über die Blesse. Sie war zwölf Jahre alt, sie setzte die Hufe mit Vorsicht in die Schneegleise. Ein zarter Nebel trübte die Pferdeaugen.

Ja, du wirst jetzt an Wischonitz denken, sagte Wittek, aber er hörte seine Stimme nicht.

Ein Händler brachte dich auf unseren Hof, als du sechs Jahre alt warst. Scholtissek hieß er, ein Bein hatten sie ihm abgenommen, weil er zuckerkrank war, und doch soff er weiter und war fidel, und vielleicht lebt er noch. Und als du sieben warst, holte ich dich zusammen mit dem Wallach aus dem Stall, mitten in der Nacht, es war kälter als heute, hundskalt, die Frau heulte, und der Junge fragte hundertmal, wohin fahren wir? Nein, an Wischonitz wirst du nicht denken, du warst doch nur einen Sommer dort, aber ich, ich denke dran, ich werde wohl immer dran denken.

Das Pferd schritt etwas steif in den Gelenken; sein Rücken hing durch. Die Sonne glänzte auf dem gewichsten Lederzeug und auf der Kruppe, die sich hob und senkte. Der Weg wand sich abschüssig, vorbei an entlaubten Birken, hinunter zwischen verschieden gewinkelten Flächen, die der Schnee mit verschiedenen eisigen Blaus überzog. Geschrei war im Dorf, doch hier oben wehte es unirdisch vorbei, es ging in den Schlägen der Krähenfittiche unter.

Wittek ließ den Zügel fahren. In seinem Gehör vervielfachte sich das Stampfen der Hufe, vielleicht acht, vielleicht zehn Pferde folgten ihm, eine Kette, Pferde in braunen und schwarzen Fellen, alle Pferde, die er jemals vor seine

Wagen gespannt, über die Äcker getrieben hatte; ihre Schweife faserten im Wind, ihre Köpfe nickten, sie waren frei von Geschirren, und es war etwas sehr Leichtes in ihrem Gang und etwas Unzerstörbares in den dunklen Augen ...

Wischonitz, das war die grüne Zeit unter einem weiten Himmel, das war mehr und weniger als die Zeit, aber einmal war Wischonitz das Jahr 1901, als Josef Wittek geboren wurde, und das Jahr 1869, als Christian Wittek zur Welt kam, und das Jahr des Herrn 1820, das Jahr des Daniel Wittek, und auch die Zeit des Adam Wittek war Wischonitz, und das Dunkel der Zeit, das unersättliche Dunkel, das nicht aufzuhalten war und in dem jedes Gedenken erlosch. Es stimmte, daß ein Treck am Anfang gewesen war, Planwagen durch die süße Luft im April, die Feuerstellen des Abends an den Waldrändern, Schlaf an den Feuern, aber der Treck, der ein Ende machte mit dem, das Zeit und Ort war in einem und für das es nur einen einzigen Namen gab, dieser Treck, den Josef Wittek meinte, hatte Unheil geladen und räderte noch immer über vereiste Chausseen, im Januar, im Februar, und der Wallach krepierte vor Erschöpfung, da warfen sie die Hälfte ihrer Habe vom Wagen, und daß die Stute durchhielt, war das einzige Glück, das sie hatten – als der Krieg lawinenschnell hinter ihnen herwirbelte.

Vor fünf Jahren kamen sie in dieses Dorf und zu diesem Bauern, der jagte und trank, und fünf Jahre lang hatte Wittek auf die Heimkehr gehofft. Jetzt wollte der Junge Geld für ein Motorrad, er fuhr täglich dreißig Kilometer mit dem Bus zur Arbeit, denn hier im Dorf war nichts zu verdienen. Darum sollte Wiedmayer das Pferd haben, für das lumpige Geld, das er bot, und auch deshalb, weil es keine Hoffnung gab.

Sie kamen an einem verschneiten Weiher vorbei, ein Hohlweg nahm sie auf; sie stapften durch tiefe Wehen, Wurzelschnüre hingen herab, der Himmel verengte sich über ihnen zu einem blauen Kanal. Wittek blieb stehen, um zu Atem zu kommen. Die Stute hielt zwei Schritte hinter ihm. Er wandte sich zu ihr und streckte ihr einen Arm entgegen. Leicht strichen die Nüstern des Pferdes über seinen wollnen Handschuh. Dann hob das Pferd den Kopf und drehte ihn schräg und äugte zu den Krähen, die der Wind schwarz über den Weg jagte. Der Mann ließ den Arm sinken.

Es ist ausgemacht, sagte er unhörbar zu der Stute, daß ich dem Jungen nur einen Teil des Geldes gebe. Für den Rest bekomme ich von der alten Fahl-

heimer einen Streifen Feld, einen halben Morgen*, und dort werden wir im Frühjahr Gemüse anbauen. Wir müssen etwas tun. Wir werden Gemüse pflanzen, ich werde es zweimal wöchentlich in die Stadt bringen. Aber was hast du davon? sagte er.
Die Stute blickte hinter sich; ihre Ohren spielten.
Er griff nach ihrem Zügel, und bald öffnete sich der Hohlweg, und das Dorf war nun sehr nahe. Sie erreichten die Chaussee. Vor den ersten Gehöften sah Wittek lange zur Seite. Da, wo die Felder stiegen, hinter der Baumschule, hinter den Palisaden der jungen Pflaumenbäume, lag der Acker, der sein werden sollte, eine Breite strahlenden Schnees schräg am Hang. Diesen Schnee würde er kaufen, weil es keine Hoffnung gab, wieder in einem Treck zu kutschieren, unter fröhlichen Fahrenden: wie vor Jahrhunderten, da man fortgezogen war, um Wischonitz zu gründen, und nichts davon gewußt hatte, daß einer von ihnen, Jahrhunderte später, ihre Sehnsucht spüren und sie begraben würde in seinem Herzen. Aber er stand vor einem Anfang, das wußte der Mann, zu dem ihn eine neue Hoffnung trieb. Das war die Hoffnung, Erde zu finden unter dem Schnee. Und noch gewisser als dieses wußte er, daß man anfangen kann, solange man noch Kraft hat, mit einem Spaten zu arbeiten und mit einer Hacke zu schlagen. Viele von den Verstreuten, denen es ergangen war wie ihm, hatten es vergessen.
Die Straße war vom Schneepflug geräumt worden. Von den Häusern kam der Hufschlag der Stute zurück, ein gedehntes Echo. Wittek war ein schmächtiger Mann und ging gebückt, doch sein Schritt griff ohne Straucheln aus. Hinter der Poststation knickte die Dorfstraße in einem Haken ab. Dort schwanden Mann und Pferd aus dem Blick.

Heinz Piontek

Diese Kurzgeschichte weist eine wesentlich andere Erzählstruktur auf als die beiden bisher besprochenen Kurzgeschichten von W. Borchert und die von Hemingway. Zwar erstreckt sich ihr äußeres Geschehen auch nur über wenige Stunden eines Sonntags (von kurz vor dem Mittagläuten bis in den Nachmittag hinein), und sie spielt sich in einem einzigen nicht näher bezeichneten Ort ab, einem Bauernhof in West-

* Rund 1250 qm.

oder Süddeutschland, aber in diese kurze Zeitspanne und in diesen engen Raum sind als Erinnerungsbilder Jahrhunderte einbezogen – geschichtliche Ereignisse und persönliche Erlebnisse, und der Ereignis- und Erlebnisbogen spannt sich von Oberschlesien bis nach West- (oder Süd-)Deutschland.

Auf das Kernproblem der Geschichte wird (zunächst vieldeutig) in der Überschrift hingewiesen: „Erde unter dem Schnee", und ihr Inhalt läßt sich in wenigen Sätzen zusammenfassen: Josef Wittek, der Bauer, der keiner mehr ist, weil er sein Heimatdorf Wischonitz in Oberschlesien kurz vor Kriegsende hat verlassen müssen, um in einem Treck im Westen oder Süden Deutschlands ein Unterkommen zu finden, Josef Wittek hat fünf Jahre bei einem Bauern gelebt, Tagelöhnerarbeit verrichtet und ihm sein Pferd gegen angemessenes Entgelt zur Feldarbeit überlassen. Während dieser Zeit hat er fest auf die Heimkehr gehofft; jetzt aber will er dieses Pferd verkaufen, um für den Erlös seinem Sohne ein Motorrad zu erstehen, damit dieser seine 30 km entfernte Arbeitsstelle schneller erreichen kann, und für sich selbst will er einen halben Morgen Land erwerben, um darauf Gemüse anzubauen, weil er die Hoffnung auf Heimkehr inzwischen aufgegeben hat.

Dieses scheinbar unbedeutende Geschehen wird durch die besondere Erzählweise des Dichters (geb. 1925 in Kreuzburg in Oberschlesien) zu einem eindringlichen Vertriebenenschicksal gestaltet, völlig unpathetisch und unsentimental, ohne Anklage und Verbitterung, dabei in hohem Maße bewegend. Es gelingt dem Dichter, sowohl das Äußere wie das Innere seines „Helden" anschaulich und überzeugend darzustellen, sein Verhältnis zu seiner Familie und zu dem einheimischen Hofbesitzer klar aufzuzeigen, das ihn Bewegende, den Verlust von Heimat und Erbe, sowie die Forderungen der Gegenwart so überzeugend zu gestalten, daß die Geschichte nicht in Hoffnungslosigkeit ausgeht, sondern mit der Hoffnung endet, „Erde zu finden unter dem Schnee", um neu anzufangen, wenn auch in einem sehr engen Rahmen.

In fünf Einzelbildern schildert der Dichter das Schicksal des aus seiner Heimat vertriebenen Bauern Josef Wittek. Im ersten Bild zeigt er uns

Wittek auf einem Rundgang um den Hof und blendet, psychologisch durchaus begründet, die Erinnerung an sein Heimatdorf und an eine sonntägliche Schlittenfahrt ein. Mit wenig Strichen zeichnet Piontek das äußere Bild des fünfzigjährigen Bauern, „der kein Bauer mehr war“, aber noch wie ehedem auf Ordnung und Sauberkeit hielt. In einem knappen Satz wird angedeutet, daß ihn etwas Besonderes bedrückt: „Er war nicht bei der Sache.“

Dieses Besondere wird im zweiten Bild offenbar. Der ehemalige Bauer geht aus der klaren Luft des Wintertages zurück in die Enge der ihm vom Hofbesitzer überlassenen Kammer, um mit seiner Frau und seinem Sohn zu Mittag zu essen. In der Enge dieses Raumes erfährt er die ganze bedrückende Enge seines jetzigen hoffnungslosen Daseins und seines „Familienlebens“. Das Gezänk zwischen seiner Frau und seinem Sohn berührt das Kernproblem seines jetzigen Daseins: die verlorene Hoffnung, je wieder in die Heimat zurückkehren zu können. Bei dieser Auseinandersetzung muß die schnodderige Art, mit der der Sohn von der alten Heimat spricht, ihn tief verletzen, so verständlich auch die innere Einstellung des jungen Menschen sein mag, der ganz im Hier und Heute lebt und das, was seinen Eltern als etwas Hohes und Heiliges gilt, die alte Heimat, als „kalten Kaffee“ geringschätzig abtut.

Die nächste Szene spielt in der Wohnstube des Bauern, die „groß wie ein Saal“ ist, mit „Plüsch, Spiegeln und Eichenholz“, und im krassen Gegensatz zu der Armeleutekammer steht, in der Wittek mit den Seinen haust. Das knappe Gespräch zwischen Wittek und dem Bauern dreht sich um den Verkauf der Stute; denn „ich komme nicht mehr nach Wischonitz mit dem Pferd“, ist die Überzeugung Witteks. In der Antwort des Bauern klingt dessen Verärgerung darüber an, daß Wittek, trotz des verhaltenen Zuredens des Bauern, auf dessen Verkauf besteht: „Mir liegt nichts dran. Ich kauf dir die Mähre nicht ab.“

Die Tragik des Flüchtlingsschicksals wird in der Gegenüberstellung Witteks mit dem einheimischen Bauern, dem „die Feldarbeit nicht schmeckte, der aber mit Vergnügen jagte und trank“, besonders deutlich, und sie wird noch dadurch unterstrichen, daß Wittek den Bauern mit „Sie“ anredet, von ihm aber, wie ein Tagelöhner oder Knecht, geduzt wird.

In einer kurzen Zwischenszene schildert der Dichter in sehr bezeichnender Weise den Abschied der Familie Wittek und der Magd von dem Pferd; die Frau des ehemaligen Bauern „wischte sich die Augen und fingerte zwei Würfel Zucker aus der Schürze . . . Auch der Magd kamen die Tränen“. Das Verhalten des Jungen aber ist ebenso kennzeichnend für ihn wie seine schnodderigen Bemerkungen über die Heimat, die er in der Kammer gemacht hatte: „Macht kein Theater um den lausigen Schinder!“ Für ihn ist das Pferd nicht mehr als ein Mittel, um endlich zu dem Geld für das Motorrad zu kommen.

Wittek mit seinem Pferd auf dem Wege zum Dorf ist die Schlußszene. Sie gibt dem Dichter Gelegenheit, den Erzählfaden bis in die graue Vorzeit zurückzuspinnen. Psychologisch sehr verständlich ist es, daß Wittek, als er mit seiner Stute durch den Winternachmittag zieht, um sie zu verkaufen, an jenen Tag vor sechs Jahren denkt, als ein Händler sie ihm auf den Hof brachte, und an jene Nacht, als er diesen Hof für immer verlassen mußte. So wechseln in dieser Schlußszene kurze Landschaftsschilderungen mit Gedanken und Erinnerungsbildern des Bauern ab: Erinnerungen an alle Pferde, die er je gehabt hat, an seine Vorfahren bis zu dem Treck in grauer Vorzeit, der zur Gründung seines Heimatdorfes führte, und auch an den Treck in jüngster Vergangenheit, der ihn und seine Schicksalsgefährten in die umgekehrte Richtung ziehen hieß, wie seine Vorfahren einst gezogen waren.

Doch wie der Hohlweg, durch den er mit seiner Stute stapft und über dem sich „der Himmel zu einem blauen Kanal verengte“, sich schließlich öffnet und den Blick auf das Dorf, das Ziel ihrer Wanderung, freigibt, so öffnet sich für Wittek auch ein Weg in die Zukunft beim Anblick des Ackers, „der sein werden sollte, eine Breite strahlenden Schnees schräg am Hang. Diesen Schnee würde er kaufen, weil es keine Hoffnung gab, wieder in einem Treck zu kutschieren unter fröhlichen

Fahrenden: wie vor Jahrhunderten, da man fortgezogen war, um Wischonitz zu gründen." Zwar muß er diese Hoffnung für immer in seinem Herzen begraben, aber „die Hoffnung, Erde zu finden unter dem Schnee", ist ihm geblieben, und da er weiß, „daß man anfangen kann, solange man noch Kraft hat, mit einem Spaten zu arbeiten und mit einer Hacke zu schlagen", geht er hoffnungsvoll der Zukunft entgegen, und was im Rahmen der Geschichte als eine beiläufige Anmerkung des Dichters erscheint, faßt symbolisch zusammen, wie Wittek mit seinem Schicksal fertig wird: „Wittek war ein schmächtiger Mann und ging gebückt, doch sein Schritt griff ohne Straucheln aus."

In seinem Essay „Buchstab Zauberstab" hat Heinz Piontek seine „Ansichten über die deutsche Kurzgeschichte (vgl. S. 14 und 17) eingehend dargelegt. Was er dort theoretisch erörtert, hat er in der vorliegenden Kurzgeschichte exemplarisch gestaltet. Für ihre Handlung gilt, was der Dichter in dem Essay so formuliert: „Der Erzähler weicht Verschlingungen, Verschachtelungen aus, meidet Knoten und Wirbel. Er baut sie auf in Anlehnung an die Struktur der Zeit, die ihn beschäftigt. Jene Zeit, die in seiner Behandlung Umriß annimmt und zugleich durchscheinend wird, ist ‚normaler', gleichmäßiger Ablauf.

Was ihn bewegt, sich gerade an diese Zeit-Erscheinung zu halten, mag die Einsicht sein, daß für die Wirklichkeit nicht die großen Momente kennzeichnend sind, nicht die Explosionen und Schicksalsstürze, nicht die theatralischen Haupt- und Staatsaktionen, sondern das Simple und Tagtägliche und Unauffällige, kurz gesagt: er hält das weithin Allgemeine für bedeutungsvoller als den atemnehmenden Sonderfall."[7] So ist auch das Schicksal Witteks kein Sonderfall. Was er erlebt und erlitten hat, haben Tausende und aber Tausende von Bauern aus den deutschen Ostgebieten als Schicksal erfahren; und doch handelt es sich bei unserer Kurzgeschichte durchaus nicht um die Fixierung von etwas Belanglosem: „Im Allgemeinen des Existierens fixiert er (der Erzähler) das Bedeutsame. Daher interessieren ihn vor allem solche Lagen, in

[7] A. a. O., S. 67.

denen der Mensch Farbe bekennen muß, wo ihm Zusammenhänge aufgehen oder sein Bewußtsein wichtige Erweiterungen erfährt ... Hier handelt es sich um ein plötzliches Innewerden von Wahrheit, das auf Entschiedenheit im Leben drängt."[8] So ist auch Wittek an einen Punkt gekommen, wo er „Farbe bekennen" muß. Nach fünf Jahren vager Hoffnung auf Rückkehr in die Heimat muß er sich eingestehen, daß es für ihn keine Heimkehr mehr gibt, und er muß eine Entscheidung treffen: er muß sein Pferd verkaufen, um seinem Sohne zu helfen und seinem eigenen Leben durch den Kauf des Ackers wieder einen Sinn zu geben. Als er mit seinen Überlegungen, seinen „Denk- und Gefühlsbewegungen" bis an diesen Punkt gekommen ist, hört die Geschichte auf: „Hinter der Poststation knickte die Dorfstraße in einem Haken ab. Dort schwanden Mann und Pferd aus dem Blick."

Dieser scheinbar ins Offene ausgehende Schluß unserer Geschichte ist, wie an anderer Stelle schon hervorgehoben wurde[9], ein charakteristisches Merkmal der modernen Kurzgeschichte überhaupt. Heinz Piontek sagt darüber in seinem Essay: „Genau genommen geht es dem Kurzgeschichtenverfasser ... um die epische Darlegung und Ausdeutung eines *Zeitpunktes*. In der *Situation* nimmt dieser Zeitpunkt sinnliche Gestalt an. Bei Hofmannsthal heißt es einmal, Situationen seien symbolisch, und es sei die Schwäche der jetzigen Menschen, ‚daß sie sie analytisch behandeln und dadurch das Zauberische auflösen'. Die Situation besitzt weder einen markanten Anfang noch ein dezidiertes Ende. Sie ist ein Zustand der Zeit. Von hier aus läßt sich nun einsehen, warum uns die Schlüsse der Shortstory oft anmuten, als wären sie willkürliche Abbrüche der Fabel oder Kompositionsschwächen schlechthin. Sie sind ja in Wahrheit gar keine richtigen Schlüsse, sondern bloß Ausgrenzungen eines Moments oder einer Reihe von Momenten gegen das Künftige. Anstatt zu enden, *hört* die minimale Handlung der Story einfach *auf*."[10]

8 A. a. O., S. 68.
9 Vgl. S. 15 und 19.
10 A. a. O., S. 69.

Wiederholt ist bei der Interpretation unserer Kurzgeschichte auf das Bedeutsame ihrer sprachlichen Gestaltung hingewiesen worden. Jeder Satz hat seine besondere Bedeutung im Gefüge des Ganzen und trägt dazu bei, die dichte Atmosphäre zu schaffen, die diese Kurzgeschichte auszeichnet. Man rühmt der Prosa Pionteks „scharf sinnliches Erfassen und kritisches Selbstbewußtsein" nach[11], und unsere Kurzgeschichte bestätigt es. Er selbst sagt über die sprachliche Gestaltung der modernen Kurzgeschichten: „Es versteht sich, daß der Erzähler die(se) im verborgenen sich abspielenden Prozesse nicht reflektiv zur Geltung bringt.

Seine Mittel sind Schilderung, Dialog. Da er die Denk- und Gefühlsbewegungen seiner Akteure nur höchst selten direkt aufzeichnet, muß man die Geschichten Wort für Wort lesen, mit einer geradezu findigen Aufmerksamkeit, denn die inneren Vorgänge geben sich zumeist bloß in schwachen Verfärbungen und Veränderungen der Oberfläche zu erkennen. Diese Oberfläche der Wirklichkeit wird vom Kurzgeschichtenautor allerdings mit besonderer Sorgfalt behandelt. Mit einer Genauigkeit, wie sie der Epiker sonst kaum übt, bringt er den Augenschein ins Bild. Man hat der Kurzgeschichte eine außerordentliche Wirklichkeitsnähe nachgerühmt – mit Recht! Sie schärft uns alle Sinne."[12]

Für die unterrichtliche Behandlung bietet „Erde unter dem Schnee" im wesentlichen zwei Schwierigkeiten, besonders für Großstadtschüler. Die eine ist durch den Stoff bedingt, die andere durch die besondere Art der sprachlichen Gestaltung. Die Geschichte spielt im Jahre 1950, zu einer Zeit also, als die heute Fünfzehn- oder Sechzehnjährigen noch gar nicht auf der Welt waren. Sie kennen also das Thema der Geschichte nicht aus eigener Erfahrung. Was sie darüber wissen, haben sie im Geschichtsunterricht gelernt oder, soweit es sich um Kinder oder Enkel von Flüchtlingen handelt, von ihren Eltern oder Großeltern erfahren. Um zu dem Erzähl*kern* vorzudringen, sind sie also ganz auf die Erzähl*weise* des Dichters angewiesen und müssen die Geschichte

[11] *Ingo Seidler* in: Lexikon der Weltliteratur im 20. Jahrhundert. Freiburg 1961. Sp. 630.
[12] A. a. O., S. 69.

wirklich „mit einer geradezu findigen Aufmerksamkeit lesen“, wenn sie ihren Inhalt verstehen und ihren tieferen Gehalt erfassen wollen.
In der Unterrichtspraxis hat sich folgender Weg als der gangbarste erwiesen: Der Lehrer liest den Schülern die Geschichte selbst vor. Da die Überschrift dem Uneingeweihten nichts verrät, hat es keinen Sinn, von ihr auszugehen und Vermutungen über den Inhalt der Geschichte anstellen zu lassen. Ausgangspunkt des Unterrichtsgesprächs ist vielmehr der Eindruck, den die Geschichte auf die Schüler gemacht hat, und der ist recht unterschiedlich und wird nicht zuletzt beeinflußt durch die innere Beziehung der einzelnen Schüler zum Bauerntum schlechthin. Manchen der Schüler ist beim Vorlesen die Bedeutsamkeit der Überschrift aufgegangen, und sie möchten sich zunächst darüber äußern. So führt das Unterrichtsgespräch gleich in den Kern des Problems hinein. Wenn in dessen Verlauf auch die anderen Schüler zeigen, daß sie die Geschichte als Ganzes im wesentlichen verstanden haben, empfiehlt es sich, die einzelnen Situationsmomente in ihrer zeitlichen Abfolge zu betrachten, um so die Kongruenz von Inhalt und Form herausstellen zu lassen. Das macht ein stilles Nachlesen der fünf Szenen der Geschichte erforderlich und führt dazu, die Einzelszenen in ihrer Eigenbedeutsamkeit, ihrer inneren Beziehung zueinander und zum Ganzen der Geschichte zu begreifen. Als Abschluß der Behandlung wird die Geschichte noch einmal laut vorgelesen, am besten von einem einzigen lesegewandten Schüler.

2. *Der gefährdete Mensch*

DIE WÖLFE KOMMEN ZURÜCK*

Krasno Scheri hieß das Dorf seit der Revolution. Es lag fünfzig Werst von der nächsten Stadt in großen Wäldern, die eine Straße von Westen nach Osten durchschnitt.

* Text nach der neueren Fassung der Geschichte in dem Band: Mit dem Postschiff. 24 Geschichten von Hans Bender. Band 95 der Reihe „Die Bücher der Neunzehn“. München 1962.

Der Starost von Krasno Scheri holte sieben Gefangene aus dem Lager der Stadt. Er fuhr in seinem zweirädrigen Karren, ein schweißfleckiges Pferd an der Deichsel. Zwischen den Knien hielt er ein Gewehr mit langem Lauf und rostigem Korn. Im Kasten hinter dem Sitz lag der Proviantsack der Gefangenen voll Brot, Salz, Maisschrot, Zwiebeln und Dörrfleisch.

Die Gefangenen gingen rechts und links auf dem Streifen zwischen den Rädern und dem Rand der Felder. Als die Straße in den ersten Wald mündete, stieg der Starost ab. Er band die Zügel an die Rückenlehne und ging hinter den Gefangenen her.

Sie hielten sich an die Gangart des Pferdes. Alle Gefangenen gehen langsam. Sie senkten die Köpfe, nur einer trug ihn aufrecht, drehte ihn hierhin und dorthin, neugierig, verdächtig.

„Ich habe ein Gewehr", dachte der Starost. „Sie haben kein Gewehr. Mein Gewehr ist zwar nicht –"

Der Gefangene blieb stehen. Er ließ drei, die hinter ihm kamen, vorübergehen, bis der Starost auf seiner Höhe war.

„Guten Tag", sagte der Gefangene.

Seit dem ersten Krieg hatte der Starost keine Deutschen mehr gesehen. Diese Deutschen waren andere Deutsche als damals. Er sah, der Gefangene war jung. Er hatte Augen in der Farbe hellblauen Wassers.

„Gibt es Wölfe im Wald?" fragte der Gefangene.

„Wölfe?" Der Starost überdachte die Frage. Ja, es war eine natürliche Frage. „Wölfe? Es hat Wölfe gegeben. Jetzt gibt es bei uns keine Wölfe mehr. Ihr habt sie vertrieben mit eurem Krieg. Die Wölfe sind nach Sibirien ausgerissen. Früher knackte der Wald von Wölfen, und niemand hätte gewagt, im Winter allein diesen Weg zu gehen. Die letzten Wölfe sah ich im ersten Winter des Krieges, als die Geschütze von Wyschni Wolotschek herüberdonnerten."

„Fünf Monate ist der Krieg vorbei", sagte der Gefangene. Die Wölfe könnten längst zurück sein."

„Sie sollen bleiben, wo sie sind", sagte der Starost. „In Sibirien. Sibirien, da gehören sie hin."

Bis zum Abend gingen die Gefangenen und der Starost den Weg von Westen nach Osten durch die Wälder. Manchmal brachen die Wälder ab, eine Wiese lag dazwischen, ein Streifen unbebautes Land mit dürren Sträuchern, dann begann wieder Wald, ein wirrer, unordentlicher Wald mit niedrigen, verkrüppelten Bäumen und wucherndem Unterholz.

In Krasno Scheri traten die Leute aus den Häusern und standen dunkel vor den Türen. Der Starost verteilte die Gefangenen. In jedes Haus gab er einen, und den jungen, der nach den Wölfen gefragt hatte und Russisch sprechen konnte, nahm er mit in sein Haus.

Eine Öllampe stand auf dem Tisch. In ihrem Licht saßen ein Junge und ein Mädchen, die mit runden Pupillen zur Tür sahen, wo der Gefangene auf der Schwelle wartete.
Eine Frau kam aus der Tür des Nebenraums.
„Er heißt Maxim", sagte der Starost, während er seinen Pelzmantel auszog.
Der Gefangene ging zu den Kindern am Tisch. Aufgeschlagene Bücher lagen vor ihnen mit handgeschriebenen Buchstaben und Tiefdruckbildern.
„Und wie heißt ihr zwei?" fragte der Gefangene.
Der Junge stand rasch auf und wischte mit der Hand sein Buch über den Tisch, daß es zu Boden fiel. Er ging in die Ecke der Stube und drehte dem Gefangenen den Rücken zu. Das Mädchen sah auf und lächelte.
„Wie heißt du?"
„Julia", sagte das Mädchen.
„Julia, ein schöner Name", sagte der Gefangene.
„Er heißt Nikolaj", sagte das Mädchen.
Die Frau legte das Brot auf den Tisch und stellte zwei Schüsseln voll Suppe daneben. Der Starost setzte sich, der Gefangene setzte sich. Sie bliesen in die Löffel und aßen. Die Frau blieb vor dem Herd stehen und sagte ab und zu etwas von der Arbeit, vom Essen, von den Nachbarn, vom Wetter.
Der Junge kam zum Tisch zurück. Er hob das Buch auf, setzte sich an die Tischecke und begann halblaut vor sich hinzulesen: „Heil dem Väterchen aller Kinder, Wladimir Iljitsch Lenin! – Heil dem Väterchen der kleinen Pioniere, Josef Wissarionowitsch Stalin!" Über dem Kopf des Jungen leuchtete Papiergold, das die Engel der Dreifaltigkeit umrahmte.

Am Morgen gingen die Gefangenen, die Kolchosbauern und die Mädchen auf die Felder. Der Starost riß mit Pferd und Pflug die glasharten Schollen auf. Das Wasser in den Schrunden war gefroren. Die Eishaut zersplitterte. Die Kartoffeln waren kalt. Die Mädchen und die Gefangenen klopften die Hände in den Achselhöhlen, und der Atem rauchte vor den Mündern.

Die Sonne stieg über den Wäldern hoch, schob sich in den grünblauen, seidenreinen Himmel, der sich weit über die Horizonte spannte. Krähen schrieben darauf ihre zerfledderte, kyrillische Schrift.
Das Dorf lag in der Mitte offener Felder, rundum von Wäldern umstellt. Der Weg nach Osten zog eine dünne Spur hindurch. Kinder gingen auf dem Weg, fern und klein, doch ihre Stimmen klangen nah wie Tassen, die auf ein Tablett gestellt werden.
„Sie gehen zur Schule", sagte eine Frau zu dem jungen Gefangenen. „Hinter dem Wald liegt Rossono. Rossono ist größer als Krasno Scheri."
„Sind auch Julia und Nikolaj dabei?" fragte der Gefangene.
„Ja, sie sind auch dabei", sagte die Frau.
Der Gefangene winkte. Die Kinder winkten. Sie schwangen ihre Bücherbündel. Die Kinder trugen Pelzmützen und Wattejacken, unter denen nicht zu erkennen war, wer Julia und wer Nikolaj war. Alle winkten.
Als die Kinder auf dem Weg drüben zurückkamen, fiel die Sonne in die Wälder des Westens. Ein großes Feld war geerntet, die Säcke und Körbe waren abgefahren, und alle, die gearbeitet hatten, gingen zurück, müde, mit schmerzenden Rücken und kalten Gesichtern, in Erwartung der Stube, des Feuers und der heißen Suppe.
Wieder saßen die Kinder am Tisch hinter den aufgeschlagenen Büchern. Julia sagte: „Maxim, wir haben eine Wolfsspur gesehen!"
„Was habt ihr?" fragte der Starost.
„Wir haben eine Wolfsspur gesehen", sagte Julia.
„Wer hat sie gesehen?"
„Zuerst hat sie Spiridion gesehen, dann Katarina, dann ich, dann Nikolaj."
„Ich hab sie vor dir gesehen", sagte Nikolaj.
„Eine Kaninchenspur habt ihr gesehen", sagte der Starost.
„Nein, sie war größer", sagte Julia. „Lauter tiefe Löcher, groß wie Äpfel, und vorne waren Krallen in die Erde gedrückt."
„Wie war die Spur, Nikolaj?"
„Wie Julia sagt. Wie Äpfel. Und Krallen auch."
„Unsinn", sagte der Starost. „Die Wölfe sind in Sibirien. – Wir wollen jetzt essen."

Bevor das letzte Feld geerntet war, fiel Schnee. Der Pflug blieb in der gefrorenen Erde stecken, und die Gefangenen saßen bei ihren Quartiersleuten und brüteten vor sich hin. Die Kinder waren in der Schule. Der Starost und seine Frau saßen am Tisch. Der Gefangene stand am Fenster und sah auf das Feld. Der Starost sagte: „Wenn es so kalt bleibt, destillieren wir morgen Samogonka. – Was hältst du davon, Maxim?"

„Warum nicht?"

„Gut, wir machen morgen Samogonka", sagte der Starost.

„Ich mag keinen", sagte die Frau.

„Du sollst auch keinen trinken", sagte der Starost. „Maxim und ich trinken ihn um so lieber."

Vor dem Fenster, auf dem Hügel stand auf einmal ein Tier, ein schmales, hochbeiniges Tier mit dickem Kopf und schrägen Augen, einem Hund ähnlich und doch kein Hund.

„Da!"

Im Ausruf des Gefangenen war so viel Schreck und Angst, daß der Starost und seine Frau schnell zum Fenster kamen und gerade noch sahen, wie das Tier sich wandte und verschwand im wirbelnden Schnee.

„Ja, es ist ein Wolf. So sieht er aus. Die Kinder hatten recht", sagte der Starost.

„Und die Kinder sind unterwegs!" rief die Frau.

„Der Wolf ist hier, und die Kinder sind dort", sagte der Starost.

Aber es überzeugte nicht.

„Ihr habt doch ein Gewehr! Warum gehen wir nicht hinaus?" sagte der Gefangene.

„Mein Gewehr –"

„Es ist nicht geladen", sagte die Frau.

Der Starost stieß einen gemeinen Fluch aus.

„Ein Wolf kommt nie allein", sagte die Frau.

„Ich habe keine Patronen, Maxim", sagte der Starost. „In der Stadt haben sie mir keine gegeben, im Magazin nicht und im Lager nicht. Ich wollte nicht, daß ihr Gefangene es wißt."

„Dann nehmen wir eine Axt, ein Beil, eine Sense oder Stöcke."

„Du kennst nicht die Wölfe, Maxim. Aber wenn du mitkommen willst –"

Sie gingen den Weg nach Osten, und als sie auf die Höhe kamen, merkten sie, daß sie keine Mäntel angezogen hatten.

Der Starost atmete schwer. Die Flocken hingen in seinen Brauen, in seinem Bart. Ein alter Mann. „Die Kinder müßten längst hier sein", sagte er.

Sie gingen weiter. Es war still, nur der Schnee rauschte. Fern hörten sie die Stimmen der Kinder.

Der Starost rief: Julia! – Nikolaj!"

Der Gefangene rief: „Julia! – Nikolaj!" Dann riefen auch die Kinder.

Der Starost und der Gefangene gingen schneller, die Kinder gingen schneller. Wie Hühner, in die der Hund bellt, flatterten sie in die Mitte der Männer, Julia, Nikolaj, Katarina, Ludmilla, Sina, Stepan, Alexander, Ivan, Nikita und Spiridion, zehn Kinder, in Pelzmützen und Wattejacken, die Bücherbündel in den steifen Fingern.

Sie redeten durcheinander von Wölfen im Wald, von brechendem Holz, Geheul und einem Netz der Spuren im frischgefallenen Schnee.

Während sie auf dem Weg standen, der Starost, der Gefangene, die Kinder, und redeten, kamen die Wölfe. Ihre Augen sahen sie zuerst, gefährliche, trübe Lichter im Vorhang des Schnees. Ihre Köpfe schoben sich heraus, die steifen Ohren, der Kranz gesträubter Haare um den Hals, die struppigen, zementgrauen Leiber mit den buschigen Schwänzen. Wie ein Keil stießen sie aus dem Unterholz über die Felder nördlich der Straße.

Die Kinder verschluckten das letzte Wort und klammerten sich in die Rücken der Männer. Der Starost hielt die Axt hoch, der Gefangene hielt die Sense hoch. Die Kopfhaut spannte sich, und die Gedanken verschwammen.

Die Wölfe liefen entlang der Straße, vorbei, eine stumme, wogende Meute. Reihe hinter Reihe, Rücken neben Rücken, lautlos, auf hohen Beinen. Sicher waren hinter dem Rudel andere Rudel, unsichtbare Rudel im Wirbel des Schnees, hundert Rudel. Manche Tiere kamen so nahe vorbei, daß die Rippen zu sehen waren, Knochen, Muskeln, Sehnen unter dem räudigen Fell und ihre roten Zungen, die lang aus den Mäulern hingen. Hunger trieb sie, Hunger machte sie blind für die Beute neben der Fährte.

So zogen Heere in die Städte der Feinde ein, durch die Mauer des Schweigens, der Verachtung, des Hasses. Die Menschen verkrochen sich vor ihnen, löschten das Licht, hielten den Atem an, schlossen die Augen und glaubten, ihr Herz klopfe gegen die Wand, und die draußen könnten es hören, durch die Tür brechen und wahllose Schüsse ins Zimmer feuern.

Die Dunkelheit wuchs, und noch immer nahm das Heer der Wölfe kein Ende. Wie lange zogen sie vorbei? Wie viele waren es? Stunden. Alle Wölfe Sibiriens. Dann kamen die letzten Wölfe. Sie trabten hinter den Rudeln her, kranke, dürre Tiere und junge Tiere, denen es schwerfiel, die Pfoten zu heben.

Nacht umschloß den Starost, den Gefangenen, die Kinder. Lange wagten sie nicht, sich zu lösen, zu bewegen, zu sprechen.
Der Starost sprach als erster. Er sagte: „Die Wölfe kommen zurück. Sie wittern den Frieden."

Hans Bender

Hans Bender, geb. 1919 in Mülhausen im Kraichgau, kehrte erst 1949 aus russischer Kriegsgefangenschaft heim. Die vorliegende Kurzgeschichte veröffentlichte er 1954 in Heft 3 der „Akzente", deren Mitherausgeber er ist. In Heft 2, Jahrgang 1962 dieser Zeitschrift schrieb er einen Aufsatz „zur Definition der Kurzgeschichte" unter dem Titel „Ortsbestimmung der Kurzgeschichte". Darin heißt es S. 219: „Krieg und Nachkrieg haben die Poesie stimuliert. Der Stoff war den Schriftstellern oktroyiert worden; sie hatten ihn autobiographisch, aktiv und passiv, miterlebt. Sie wollten davon erzählen, objektiv erzählen, aber nicht so objektiv, daß die Bilanz nicht mit überreicht worden wäre. Ihre Leistung ist: sie haben sich um die kongruente Sprache bemüht ... Viele Kurzgeschichten jener Zeit haben den Wert einer Dokumentation; wir können in ihnen nachlesen: so war es." Wenn schon für die Kurzgeschichten im ersten Nachkriegsjahrzehnt überhaupt, so gelten diese Sätze im besonderen von Benders vorliegender Kurzgeschichte. Die Schulklassen, mit denen sie gelesen wurde, waren einhellig der Überzeugung, daß die Geschichte auf ein persönliches Erlebnis des Dichters zurückgehe, das er sich habe „von der Seele schreiben" müssen, weil es ihn bedrückte. So packend und lebenswahr könne nur erzählen, wer das Erzählte selbst erlebt habe. „So etwas entspringt nicht der Phantasie", wie ein Schüler meinte.
In bezug auf ihre Form hat diese Kurzgeschichte Ähnlichkeit mit Pionteks „Erde unter dem Schnee". Hier wie dort sind fünf Augenblicksbilder mehr oder weniger locker aneinandergereiht, Augenblicksbilder von starker Eindringlichkeit und scharf umrissener Gegenständlichkeit. *Walter Höllerer,* der Herausgeber der Zeitschrift „Akzente",

schrieb in demselben Heft wie Hans Bender ebenfalls einen Aufsatz „zur Definition der Kurzgeschichte", wenn auch aus einem anderen Blickwinkel als dieser, was schon der Titel verrät: „Die kurze Form der Prosa". Darin gibt er u. a. eine Typologie der Kurzgeschichte. Er unterscheidet drei Kurzgeschichtentypen und erläutert ihre Wesensmerkmale an Einzelbeispielen.

Den ersten (für unsere Arbeit im Unterricht fast allein in Betracht kommenden) Typ nennt er „Augenblickskurzgeschichte" und gibt als Beispiele dafür an: „Die Küchenuhr" von W. Borchert (vgl. S. 31), „The old man at the bridge" von E. Hemingway (vgl. S. 24) und „Das Fenstertheater" von I. Aichinger (vgl. S. 135). Als eine *Abart* dieses Kurzgeschichtentyps, in der mehrere Augenblicksbilder aufeinanderfolgen (so wie auch in Pionteks „Erde unter dem Schnee") bezeichnet er u. a. „Die Wölfe kommen zurück" von H. Bender.

In den Dialogen dieser Kurzgeschichte stehen die Einzelsätze und -wörter zumeist hart nebeneinander. Und doch sind die fünf Augenblicksbilder vom Thema her eng aufeinander bezogen und – nicht nur durch die Überschrift – fest miteinander verbunden.

Das erste Bild zeigt einen Trupp deutscher Kriegsgefangener, die vom Starosten eines russischen Dorfes vom Lager abgeholt worden sind und sich nun auf dem Wege in das Dorf befinden, wo sie zur Arbeit eingesetzt werden sollen. Einer dieser Gefangenen, der Russisch kann, wendet sich an den Starost mit der Frage, ob es im Wald Wölfe gebe. Mit dieser Frage ist gleichsam das Thema angeschlagen, das sich durch die ganze Geschichte hinzieht. Bevor der Starost aber antwortet, „überdenkt" er diese Frage und kommt zu der Überzeugung: „Ja, es war eine natürliche Frage". Diese Feststellung zwingt den Leser zu Rückbesinnung. Wenige Zeilen vorher hat es von den Gefangenen geheißen: „Sie senkten die Köpfe, nur einer trug ihn aufrecht, drehte ihn hierhin und dorthin, neugierig, verdächtig. ‚Ich habe ein Gewehr', dachte der Starost. ‚Sie haben kein Gewehr. Mein Gewehr ist zwar nicht –' "

In diesem Gedanken des Starost ist sein Mißtrauen gegenüber den Gefangenen angedeutet, das sich schon vorher als ganz natürlich erscheinende Vorsichtsmaßnahme gezeigt hatte: „Als die Straße in den ersten Wald mündete, stieg der Starost ab. Er band die Zügel an die Rückenlehne und ging hinter den Gefangenen her."

Die Frage des Gefangenen hat also das Mißtrauen des Starosts verstärkt, deshalb überdenkt er sie, bevor er sie beantwortet. Hiermit ist das zweite Thema unserer Geschichte angeschlagen, das rein menschliche Verhältnis zwischen dem Starost, einem „alten Mann", und seinem jungen Gefangenen, und auch dieses Thema wird in verschiedenen Variationen bis zum Schluß der Geschichte durchgeführt, immer aber in irgendeiner Beziehung zum Hauptthema. Aus der Antwort des Starosts geht hervor, daß die Wölfe nach dem ersten Kriegswinter nach Sibirien „ausgerissen sind", daß es also, zum Glück für die Bewohner, seit mehr als drei Jahren keine Wölfe mehr in dieser Gegend gibt: „Sie sollen bleiben, wo sie sind ... In Sibirien. Sibirien, da gehören sie hin." In Krasno Scheri verteilt der Starost die Gefangenen auf die einzelnen Häuser. „In jedes Haus gab er einen, und den jungen, der nach den Wölfen gefragt hatte und russisch sprechen konnte, nahm er mit in sein Haus." Aus Sympathie – aus Mißtrauen?

Aus der unendlichen Weite der russischen Landschaft, wie sie im ersten Bild mit wenigen Strichen scharf umrissen wird, führt uns das zweite Bild in die Enge menschlicher Behausung, in die Stube des Starosts mit ihrer Atmosphäre friedlicher Geborgenheit. Die Einzelheiten dieses Bildes treten scharf hervor und stehen z. T. schroff nebeneinander wie die Personen mit ihren Gebärden und Worten. Am schärfsten wirkt das Gegensätzliche dieses Bildes in dem unmittelbaren Nebeneinander der Worte, die der Junge aus dem Lesebuch liest („Heil dem Väterchen der kleinen Pioniere, Josef Wissarionowitsch Stalin!") und dem leuchtenden Papiergold, das über dem Kopf des Jungen „die Engel der Dreifaltigkeit umrahmte". Zwiespältig ist auch die Reaktion der Kinder auf die Frage Maxims nach ihren Namen: schroffe Ablehnung seitens des Jungen, lächelnde Antwort des Mädchens. Der sich anbahnende menschliche Kontakt zwischen Maxim und den Kindern sowie dem Starost läßt sich in den nächsten Bildern weiterverfolgen.

Das dritte Bild zeigt zunächst die kleine dörfliche Gemeinschaft, Starost, Kolchosbauern, Frauen, Mädchen und Gefangene, bei der Kartoffelernte, während sich die Kinder auf dem Schulweg befinden. Eine Frau spricht Maxim der Kinder wegen an, Maxim winkt den Kindern zu, als er gehört hat, daß die Kinder des Starosts unter ihnen sind, und die Kinder winken zurück, ein Zeichen sich anbahnender Vertrautheit. Beim gemeinsamen Abendessen wendet sich Julia an den Gefangenen mit der Bemerkung: „Maxim, wir haben eine Wolfsspur gesehen." Damit hat sie das Thema angeschlagen, das am Abend vorher in diesem Raum nicht erwähnt worden ist, und das Mädchen beschreibt diese Spur so genau, daß kein Zweifel mehr bestehen kann. Ihr Bruder bestätigt ihre Aussage. Der Starost aber tut die Angaben der Kinder als „Unsinn" ab und stellt seine Behauptung dagegen: „Die Wölfe sind in Sibirien." Ist er noch davon überzeugt, oder will er nur nicht an die Rückkehr der Wölfe glauben und an alles Schreckliche, was ihre Rückkehr im Gefolge hätte?

Was der Starost als „Unsinn" abgetan hat, wird ihm wenige Tage später zur Gewißheit: während er mit Maxim davon spricht, Samogonka zu brauen, also anscheinend schon ganz vertraut mit ihm ist, bemerkt Maxim, der am Fenster steht, auf dem Hügel davor einen Wolf. In seinem Schreck macht er den Starost darauf aufmerksam, und dieser muß gestehen: „Ja, es ist ein Wolf ... Die Kinder hatten recht." – „Und die Kinder sind unterwegs!" ruft die Frau. Damit ist die furchtbare Gefahr angedeutet, in der sich die Kinder befinden; denn „ein Wolf kommt nie allein". In dieser Notlage gesteht der Starost seinem Gefangenen, was er ihm aus Mißtrauen bisher verheimlicht hat, daß er nämlich machtlos gegen die Wölfe ist, weil er keine Munition hat. Maxim aber denkt an nichts anderes als an die Gefahr, in der sich die Kinder befinden, und an die Pflicht, ihnen zu Hilfe zu kommen:

„Dann nehmen wir eine Axt, ein Beil, eine Sense oder Stöcke.“ – „Du kennst nicht die Wölfe, Maxim. Aber wenn du mitkommen willst –“ In der Stunde höchster Gefahr für die Kinder, in der gemeinsamen Abwehr außermenschlicher Kräfte, wenn auch mit völlig unzulänglichen Mitteln, bewährt sich die Freundschaft zwischen dem Starost und seinem Gefangenen.

Das letzte Bild ist von einer geradezu unheimlichen, gespenstischen Eindringlichkeit, die nicht zuletzt auch durch die skelettartig einförmigen Satzfiguren und durch zwei sprachliche Bilder erreicht wird. Ein Häuflein verängstigter Kinder, zwei Männer mit erhobenen Waffen und ein endloser Zug lautlos vorübergleitender Bestien in tiefer Dunkelheit. „Nacht umschloß den Starost, den Gefangenen, die Kinder. Lange wagten sie nicht, sich zu lösen, zu bewegen, zu sprechen.“ Der Starost löst sich als erster aus dem Banne des elementaren Erlebnisses. Seine Worte weisen symbolisch über die augenblickliche Situation hinaus ins Allgemeingültige: „Die Wölfe kommen zurück. Sie wittern den Frieden.“ Die Gefahren des Krieges sind überstanden. Die nicht weniger bedrohlichen und vernichtenden Gefahren des Friedens halten dafür ihren Einzug, unaufhaltsam, so daß der Mensch in permanenter Bedrohung zu leben gezwungen ist.

Für die Behandlung dieser Kurzgeschichte im Unterricht hat sich folgender Weg als der gangbarste erwiesen. Um die Darbietung der Geschichte nicht durch Wort- und Sacherklärungen unterbrechen zu müssen, empfiehlt es sich, diese vorauszuschicken:

Werst: russisches Längenmaß. Eine Werst = 1066,78 m · 50 W. also rd. 53 km

Starost: Gemeindevorsteher

Kolchos (der): russische Abkürzung für Kollektivwirtschaft. Seit 1930 vorherrschende Betriebsform in der Landwirtschaft der Sowjetunion. Jeder Kolchosbauer ist zu bestimmter Arbeitsleistung (100 bis 150 Tagewerke im Jahr) verpflichtet

kyrillische Schrift: aus dem griechischen Großbuchstabenalphabet abgeleitete Schrift der ältesten kirchenslawischen Literatur
Samogonka: russischer Schnaps

Aus diesen Wort- und Sacherklärungen schließen die Schüler, daß es sich um eine Geschichte handeln müsse, die in Rußland spielt. Wenn der Lehrer nun die Geschichte mit der Überschrift ankündigt, stellen die Schüler Fragen an die Geschichte, die am besten stichwortartig an die Wandtafel geschrieben werden: Wohin kommen die Wölfe zurück? Woher kommen sie zurück? Weshalb kommen sie zurück? Wann spielt die Geschichte? u. a.

Am besten liest der Lehrer die Geschichte selbst vor. Ihre Wirkung auf die Schüler ist außerordentlich stark. Nur langsam lösen sie sich aus ihrem Bann. Um das Unterrichtsgespräch in Gang zu bringen, verweist der Lehrer auf die an der Wandtafel stehenden Stichwörter; deren Beantwortung bereitet keine Schwierigkeiten, da es sich in den meisten Fällen nur um vordergründige Fragen handelt. Im Anschluß an die Schülerantworten werden in der Regel neue Fragen gestellt oder neue Probleme aufgeworfen, die den Schülern während des Vorlesens eingefallen oder aufgegangen sind. Um aber zu verhüten, daß die Geschichte zu Tode diskutiert wird, empfiehlt es sich, nachdem alle Unklarheiten beseitigt sind, sie Bild für Bild betrachten zu lassen, was ein stilles Nachlesen der fünf Abschnitte notwendig macht. Dabei geht den Schülern vielerlei auf, was ihnen bei noch so gespanntem Zuhören entgangen ist: das Gegenständliche und Atmosphärische der einzelnen Bilder, ihr innerer Zusammenhang und die Besonderheit der sprachlichen Gestaltung, und wenn sie vom Schlußsatz aus das ganze Geschehen dann noch einmal überblicken (von der Frage des jungen Gefangenen nach den Wölfen über das Zwischenspiel im Hause des Starosts, über den Bericht der Kinder von der ersten Wolfsspur bis zum Erscheinen des ersten Wolfes und schließlich bis zu dem gespenstischen Zug der Wölfe), dann wird es ihnen nicht mehr schwerfallen, den tieferen Sinn der Geschichte zu erfassen und sie in der Besonderheit ihrer sprachlichen Gestaltung als geschlossenes Kunstwerk zu würdigen. Damit ist ihre Behandlung aber noch nicht abgeschlossen. Die Erfahrung hat gelehrt, daß auch sechzehnjährige Schüler mehr Zeit brauchen als eine Doppelstunde, um das Erlebnis eines literarischen Kunstwerks wie Benders Kurzgeschichte zu vertiefen und mit ihm „fertig zu werden".

Deshalb sollte man ihnen Gelegenheit geben, die Geschichte zu Hause noch einmal in aller Ruhe durchzulesen und niederzuschreiben, was ihnen an ihr einen besonders starken Eindruck gemacht hat. Der Lehrer wird erstaunt sein über das feine Einfühlungsvermögen einzelner Schüler, über das Symbolverständnis anderer und über die Gabe einzelner, sich den Gehalt eines sprachlichen Kunstwerks aus seiner einmaligen Form zu erschließen. – Diese Arbeit soll allerdings kein leidiger Schulaufsatz sein, sondern soll als eine abschließende ganz persönliche Leistung jedes einzelnen Schülers gewürdigt werden, von der nicht nur er, sondern auch sein Lehrer viel profitieren kann.

Interpretation zu dieser Kurzgeschichte:

Ruth Lorbe: Die deutsche Kurzgeschichte der Jahrhundertmitte. In: „Der Deutschunterricht" 1957, Heft 1, S. 41–44.

Saisonbeginn

Die Arbeiter kamen mit ihrem Schild und einem hölzernen Pfosten, auf den es genagelt werden sollte, zu dem Eingang der Ortschaft, die hoch in den Bergen an der letzten Paßkehre lag. Es war ein heißer Spätfrühlingstag, die Schneegrenze hatte sich schon hinauf zu den Gletscherwänden gezogen. Überall standen die Wiesen wieder in Saft und Kraft; die Wucherblume verschwendete sich, der Löwenzahn strotzte und blähte sein Haupt über den milchigen Stengeln; Trollblumen, welche wie eingefettet mit gelber Sahne waren, platzten vor Glück, und in strahlenden Tümpeln kleinblütiger Enziane spiegelte sich ein Himmel von unwahrscheinlichem Blau. Auch die Häuser und Gasthöfe waren wie neu: ihre Fensterläden frisch angestrichen, die Schindeldächer gut ausgebessert, die Scherenzäune ergänzt. Ein Atemzug noch: dann würden die Fremden, die Sommergäste kommen – die Lehrerinnen, die mutigen Sachsen, die Kinderreichen, die Alpinisten, aber vor allem die Autobesitzer mit ihren großen Wagen ... Röhr und Mercedes, Fiat und Opel, blitzend von Chrom und Glas. Das Geld würde anrollen. Alles war darauf vorbereitet. Ein Schild kam zum andern, die Haarnadelkurve zu dem Totenkopf, Kilometerschilder und Schilder für Fußgänger: zwei Minuten zum Café Alpenrose.

An der Stelle, wo die Männer den Pfosten in die Erde einrammen wollten, stand ein Holzkreuz, über dem Kopf des Christus war auch ein Schild angebracht. Seine Inschrift war bis heute die gleiche, wie sie Pilatus entworfen hatte: I. N. R. I. – die Enttäuschung darüber, daß es im Grunde hätte heißen sollen: er *behauptet* nur, dieser König zu sein, hatte im Laufe der Jahrhunderte an Heftigkeit eingebüßt. Die beiden Männer, welche den Pfosten, das Schild und die große Schaufel, um den Pfosten in die Erde zu graben, auf ihren Schultern trugen, setzten alles unter dem Wegkreuz ab; der dritte stellte den Werkzeugkasten, Hammer, Zange und Nägel daneben und spuckte ermunternd aus.

Nun beratschlagten die drei Männer, an welcher Stelle die Inschrift des Schildes am besten zur Geltung käme; sie sollte für alle, welche das Dorf auf dem breiten Paßweg betraten, besser: befuhren, als Blickfang dienen und nicht zu verfehlen sein. Man kam also überein, das Schild kurz vor dem Wegekreuz anzubringen, gewissermaßen als Gruß, den die Ortschaft jedem Fremden entgegenschickte. Leider stellte sich aber heraus, daß der Pfosten dann in den Pflasterbelag einer Tankstelle hätte gesetzt werden müssen – eine Sache, die sich von selbst verbot, da die Wagen, besonders die größeren, dann am Wenden behindert waren. Die Männer schleppten also den Pfosten noch ein Stück weiter hinaus bis zu der Gemeindewiese und wollten schon mit der Arbeit beginnen, als ihnen auffiel, daß diese Stelle bereits zu weit von dem Ortsschild entfernt war, das den Namen angab und die Gemeinde, zu welcher der Flecken gehörte. Wenn also das Dorf den Vorzug dieses Schildes und seiner Inschrift für sich beanspruchen wollte, mußte das Schild wieder näherrücken – am besten gerade dem Kreuz gegenüber, so daß Wagen und Fußgänger zwischen beiden hätten passieren müssen.

Dieser Vorschlag, von dem Mann mit den Nägeln und dem Hammer gemacht, fand Beifall. Die beiden anderen luden von neuem den Pfosten auf ihre Schultern und schleppten ihn vor das Kreuz. Nun sollte also das Schild mit der Inschrift zu dem Wegekreuz senkrecht stehen; doch zeigte es sich, daß die uralte Buche, welche gerade hier ihre Äste mit riesiger Spanne nach beiden Seiten wie eine Mantelmadonna ihren Umhang entfaltete, die Inschrift im Sommer verdeckt und ihr Schattenspiel deren Bedeutung verwischt oder mindestens abgeschwächt hätte.

Es blieb daher nur noch die andere Seite neben dem Herrenkreuz, und da die erste, die in das Pflaster der Tankstelle überging, gewissermaßen den Platz des Schächers zur Linken bezeichnet hätte, wurde jetzt der Platz zur Rechten gewählt und endgültig beibehalten. Zwei Männer hoben die Erde aus, der dritte nagelte rasch das Schild mit wuchtigen Schlägen auf; dann stellten sie den Pfosten gemeinsam in die Grube und rammten ihn rings von allen Seiten mit größeren Felssteinen an.

Ihre Tätigkeit blieb nicht unbeachtet. Schulkinder machten sich gegenseitig die Ehre streitig, dabei zu helfen, den Hammer, die Nägel hinzureichen und passende Steine zu suchen; auch einige Frauen blieben stehen, um die Inschrift genau zu studieren. Zwei Nonnen, welche die Blumenvase zu Füßen des Kreuzes aufs neue füllten, blickten einander unsicher an, bevor sie weitergingen. Bei den Männern, die von der Holzarbeit oder vom Acker kamen, war die Wirkung verschieden: einige lachten, andere schüttelten nur den Kopf, ohne etwas zu sagen; die Mehrzahl blieb davon unberührt und gab weder Beifall noch Ablehnung kund, sondern war gleichgültig, wie sich die Sache auch immer entwickeln würde. Im ganzen genommen konnten die Männer mit der Wirkung zufrieden sein. Der Pfosten, kerzengerade, trug das Schild mit der weithin sichtbaren Inschrift, die Nachmittagssonne glitt wie ein Finger über die zollgroßen Buchstaben hin und fuhr jeden einzelnen gleichsam nach wie den Richtspruch auf einer Tafel...

Auch der sterbende Christus, dessen blasses, blutüberronnenes Haupt im Tod nach der rechten Seite geneigt war, schien sich mit letzter Kraft zu bemühen, die Inschrift aufzunehmen: man merkte, sie ging ihn gleichfalls an, welcher bisher von den Leuten als einer der Ihren betrachtet und wohl gelitten war. Unerbittlich und dauerhaft wie sein Leiden würde sie ihm nun für lange Zeit schwarz auf weiß gegenüberstehen.

Als die Männer den Kreuzigungsort verließen, und ihr Handwerkszeug wieder zusammenpackten, blickten alle drei noch einmal befriedigt zu dem Schild mit der Inschrift auf. Sie lautete: „In diesem Kurort sind Juden unerwünscht."

Elisabeth Langgässer

Der Überschrift und dem ersten Satz nach zu urteilen, der in nüchtern referierender Sprache die Ausgangssituation umreißt, handelt es sich in dieser Geschichte um ein bedeutendes Geschehen: drei Arbeiter kommen in eine Ortschaft hoch im Gebirge, um dort ein Schild an einen hölzernen Pfosten zu nageln. Der zweite Satz ergänzt den ersten um eine Zeitangabe, die eigentlich schon in der Überschrift enthalten ist: „Es war ein heißer Spätfrühlingstag." In auffälligem Gegensatz zu diesen sachlich nüchternen, kargen Angaben steht die geradezu üppige Schilderung der „saft- und kraftstrotzenden" Natur im nächsten, fünfgliederigen Satz. Und so wie sich die Natur erneuert hat, so sind auch die Häuser und Gasthöfe „wie neu"; alles deutet auf den „Saisonbeginn" hin, auf die zu erwartenden Sommergäste, aus denen die Dichterin einige Gruppen mit ironischem Unterton besonders hervorhebt: „die Lehrerinnen, die mutigen Sachsen, die Kinderreichen, die Alpinisten, aber vor allem die Autobesitzer mit ihren großen Wagen". Zu den letzteren paßt wortwörtlich der Satz von dem „anrollenden" Geld. Als letzte Vorbereitung auf den Zustrom der Fremden werden die vielen Schilder erwähnt, die zur Orientierung angebracht worden sind: Warnschilder, Hinweis- und Werbeschilder. Besonders auffällig, wenn auch verständlich, ist die Erwähnung des Schildes mit dem Totenkopf, das auf höchste Gefahr deutet, neben dem ganz neutralen Kilometerschild. – So erscheint der erste Abschnitt der Geschichte durch seine besondere sprachliche Gestaltung seltsam zwielichtig in seinem Aussagegehalt.

Dieser Eindruck des Zwielichtigen verstärkt sich im zweiten Abschnitt, in dem das Schild über dem „Holzkreuz" mit seiner Inschrift I. N. R. I. durch das bloße Wörtchen „auch" („über dem Kopf des Christus war a u c h ein Schild angebracht") in eine seltsame Beziehung gebracht wird zu dem Schilde, das die drei Arbeiter unter dem „Wegkreuz" absetzen und den „Werkzeugkasten, Hammer, Zange und Nägel daneben", als sollte wieder jemand gekreuzigt werden. Was aber hat es mit der kurzen Betrachtung über die Kreuzesinschrift auf sich? Scheinbar fällt dieser Satz ganz aus dem Rahmen der Geschichte heraus, hinterläßt jedenfalls im Leser ein zwiespältiges Empfinden.

Im dritten Abschnitt beratschlagen die drei Männer über die Stelle, an der „die Inschrift des Schildes am besten zur Geltung käme". Sie scheint also eine ganz besondere Bedeutung zu haben; denn sie soll einmal „als Blickfang dienen", zum anderen „als Gruß, den die Ortschaft jedem Fremden entgegenschickte", und schließlich wird das Schild mit seiner Inschrift als „Vorzug" anderen Ortschaften gegenüber angesehen. Vier Plätze werden für die Aufstellung des Schildes in Betracht gezogen: der Platz kurz vor dem „Wegkreuz" wird mit Rücksicht auf die Besitzer großer Wagen, die hier, an einer Tankstelle, am Wenden behindert würden, wieder aufgegeben. Auch die Gemeindewiese erweist sich als ungeeignet, da sie zu weit vom Ortsschild entfernt liegt, so daß sich die Beziehung zwischen diesem und dem neu anzubringenden Schild nicht mehr ohne weiteres ergäbe.

Als dritter Platz wird die Stelle gegenüber dem Wegkreuz in Erwägung gezogen, „so daß Wagen und Fußgänger zwischen beiden hätten passieren müssen". Dagegen aber scheint sich die Natur selbst zu wehren in Gestalt der „uralten Buche, welche gerade hier ihre Äste mit riesiger Spanne nach beiden Seiten wie eine Mantelmadonna ihren Umhang entfaltete", so daß im Sommer die Inschrift verdeckt oder ihre Bedeutung durch das Schattenspiel zumindest abgeschwächt worden wäre. Der Vergleich der Buche mit der Schutzmantelmadonna, wie sie in katholischen Gegenden häufig auf Bildstöcken zu sehen ist, wirkt irgendwie erregend und ihre Verbindung mit der Inschrift des anzubringenden Schildes beunruhigend.

Es bleibt also für das Schild nur noch eine geeignete Stelle: „die andere Seite neben dem „Herrenkreuz", der Platz des Schächers zur Rechten. – War schon durch die zweimalige Erwähnung der „Marterwerkzeuge", Hammer und Nägel, die Kreuzigung auf Golgatha in die gegenwärtige Situation gleichsam eingeblendet worden, so wird diese Kreuzigung durch die Erwähnung der beiden Schächer gewissermaßen vergegenwärtigt. Mit nüchternen Worten wird dann die Aufstellung des Pfostens mit dem Schild von der Dichterin berichtet.

Von der Anteilnahme der Bevölkerung an dem Tun der Arbeiter und von der Wirkung des Schildes erzählt der nächste Abschnitt: Schulkinder helfen aus reinem Betätigungsdrang den Arbeitern eifrig bei ihrem Tun – daran ist nichts Verdächtiges –; einige Frauen studieren die Inschrift genau – auch das erscheint natürlich. Zwei Noı nen aber blicken einander irgendwie unsicher an, bevor sie weitergehen. Fühlen sie sich bedroht? Von den Männern, die vorüberkommen, lachen einige, andere schütteln den Kopf – aus Verwunderung, aus Ablehnung? „Die Mehrzahl blieb davon unberührt und gab weder Beifall noch Ablehnung kund, sondern war gleichgültig, wie sich die Sache auch immer entwickeln würde." Diese geheimnisvollen Andeutungen über „die Sache" werden in dem Bilde einer Naturbeseelung ins Magisch-Mystische gesteigert durch die Beschwörung jenes biblischen Ereignisses im Kapitel 5 des Buches „Daniel", als der Prophet dem König Belsazar die rätselhafte Schrift deutete, die von „den Fingern einer Menschenhand" an die Wand des Saales geschrieben worden war: „So heißt die Schrift, die hier geschrieben steht: ‚Mene, mene, Tekel, Pharsin.' Und es bedeuten diese Worte: *Mene:* Gezählt hat Gott dein Königtum und ihm ein Ende bereitet. *Tekel:* Gewogen wurdest du auf der Waage und zu leicht befunden. *Pharsin:* Geteilt wird dein Reich und wird den Medern und den Persern übergeben." Hat sich dieser Urteilsspruch (die Dichterin verwendet das ungebräuchliche Wort „Richtspruch" in Anlehnung an „Richtstätte" und „Richtbeil") nicht in geradezu unheimlicher Wörtlichkeit an dem erfüllt, auf dessen Geheiß letztlich die drei Arbeiter den Pfosten mit dem Schild errichteten?

Ragt schon in dieser magischen Naturbeseelung etwas Überweltliches in die gegenwärtige Situation hinein, so wird diese durch die sprachliche Verlebendigung der Christusfigur am Holzkreuz und ihr In-Beziehung-Setzen zur Tafelinschrift ins Außerzeitliche gesteigert. Deshalb auch bezeichnet die Dichterin die Stelle, an der die Arbeiter das Schild aufgerichtet haben, als „Kreuzigungsort", als zweites Golgatha. Wie berechtigt diese Bezeichnung ist, geht aus dem Wortlaut der Inschrift hervor, mit dem die Geschichte abschließt: „In diesem Kurort sind Juden unerwünscht.“

Mit einem sachlich berichtenden Satz hat die Geschichte begonnen, mit einem scheinbar ebenso sachlichen Satz endet sie. In Wirklichkeit aber weist sie weit über sich hinaus ins Eschatologische. Das Aufrichten des Schildes war eben nicht nur ein unbedeutendes Tun, wenn es auch von den gleichgültigen Zuschauern als solches hingenommen wurde, und die Inschrift war keine gewöhnliche wie die der anderen Schilder. Mit dieser Inschrift begann eine Epoche teuflischer Vernichtung, eingeleitet durch die „Nürnberger Gesetze“ (1935), aufflammend in der „Kristallnacht“ (1938), zum furchtbaren Ende führend in den Vernichtungslagern.

Die Tatsache, daß die Dichterin Elisabeth Langgässer (1899–1950) als Halbjüdin persönlich von der Judenverfolgung in der Hitlerzeit betroffen wurde (1936 erhielt sie Schreibverbot, 1944 wurde sie zwangsdienstverpflichtet), läßt die vorliegende Kurzgeschichte in einem besonderen Lichte erscheinen. Ohne subjektive Stellungnahme, scheinbar nüchtern und sachlich hat die Dichterin die Geschichte erzählt. Doch ist ihre Sprache außerordentlich transparent, nicht nur für die weltweiten Bezüge, auf die bereits hingewiesen wurde, sondern auch für die persönlichen Gefühle der Dichterin, die sich hinter einer scheinbar objektiv-sachlichen Berichterstattung verbirgt und nur in sprachlichen Bildern, in geheimnisvollen Anspielungen und Andeutungen zu Wort kommen läßt.

Die Erfahrung hat gelehrt, daß diese Kurzgeschichte als dichterisches Kunstwerk frühestens am Ende des neunten Schuljahres behandelt werden kann, und auch dann nur unter der Voraussetzung, daß die Schüler bereits mehrere beispielhafte Kurzgeschichten kennengelernt und an ihnen erfahren haben, welche Bedeutung ihrer besonderen sprachlichen Gestaltung zukommt. Gerade die Kurzgeschichte „Saisonbeginn“ stellt in ihrer sprachlichen Transparenz und ihrem Beziehungsreichtum höchste Anforderungen an das künstlerische Auffassungs- und Deutungsvermögen der Schüler.

In der Unterrichtspraxis hat sich aber auch erwiesen, daß diese Kurzgeschichte einen tiefen und nachhaltigen Eindruck auf alle Schüler macht, und zwar nicht nur wegen ihres spannenden Aufbaus, sondern ebensosehr wegen ihres tiefen Aussagegehalts, der die Schüler zum Mit- und Nachdenken geradezu zwingt. Voraussetzung ist allerdings, daß der Lehrer sie ihnen dezent vorliest.

Zu empfehlen ist auch, daß der Lehrer, um das Vorlesen nicht unterbrechen zu müssen, einige Sacherklärungen vorausschickt und an der Wandtafel festhält:

Wucherblume: Margerite

Trollblume: Hahnenfußgewächs auf feuchten Bergwiesen

Enzian: stengellose Alpenblume auf Hochgebirgsmatten

Scherenzaun: anzeichnen!

Haarnadelkurve: anzeichnen!

Totenkopf: Warnschild an besonders gefährdeten Wegstrecken

I. N. R. I.: Iesus Nazarenus Rex Iudaeorum (Jesus von Nazareth, König der Juden), Inschrift am Kreuze Christi (Joh. 19, 19–22)

Mantelmadonna: Darstellung Marias in der deutschen Kunst als Mutter der Barmherzigkeit, die die Gläubigen unter ihrem Mantel gegen Gefahr schützt

Richtspruch: ungewöhnlicher Ausdruck für Urteilsspruch, angelehnt an Richtstätte und Richtschwert

Schächer: S. Lukas 23, 32–33, 39–43

Die Geschichte wird mit der Überschrift angekündigt, und die Schüler stellen gegebenenfalls Vermutungen über ihren Inhalt an. Im Grunde genommen verrät die Überschrift so gut wie nichts von ihrem eigentlichen Inhalt. Wohl wundern sich die Schüler, in welchem inneren Zusammenhang die Sacherklärungen mit der Überschrift stehen. Für die Blumennamen findet sich rasch die Erklärung, auch für die verschiedenen Schilder; aber die in den religiösen Bereich verweisenden Erklärungen vermögen sie nicht in Beziehung zur Überschrift zu bringen. Das wiederum erhöht die Spannung auf den Inhalt der Geschichte.

Ihre Wirkung auf die Schüler ist so stark, daß sich zunächst nur wenige zu Wort melden. Und das ist nicht verwunderlich; denn auf viele von ihnen hat der letzte Satz der Geschichte eine geradezu schockierende Wirkung ausgeübt. Mit diesem Satz haben die Schüler den Schlüssel in die Hand bekommen, mit dem sie sich die Geschichte selbst erschließen können: Sie spielt zu Beginn der Judenverfolgung im Hitlerreich, und was den Schülern während des Vorlesens an geheimnisvollen Beziehungen zwischen dem Text des Schildes und der Kreuzigung Christi unklar geblieben ist, das wird ihnen beim abschnittsweisen stillen Nachlesen und Besprechen des Textes offenbar.

Jeder Satz der Geschichte ist wichtig und bedeutungsvoll, wenn er in seinem direkten und in seinem hintergründigen Aussagegehalt erfaßt wird. So ergeben sich schließlich sechs Einzelbilder:

1. Der Kurort in Erwartung der Sommergäste: die Natur – die Häuser – die Schilder
2. Das Holzkreuz mit seinem Schild: Hammer, Zange und Nägel als „Marterwerkzeuge“
3. Die Suche nach dem vorteilhaftesten Ort für das neue Schild: vor dem Wegkreuz (Tankstelle) – an der Gemeindewiese – dem Wegkreuz gegenüber (die Buche als Mantelmadonna) – zur Rechten des Wegkreuzes
4. Die Wirkung des neuen Schildes auf die Dorfbewohner
5. Der sterbende Christus und das neue Schild
6. Die Inschrift

Als Abschluß der Besprechung kann der Lehrer den Gehalt der Geschichte von ihrer ironisch-hintergründigen Überschrift aus noch einmal zusammenfassen lassen. Das nachgestaltende Lesen der Schüler wird ihm zeigen, ob und inwieweit sie als Kunstwerk ihr geistiges Eigentum geworden ist.

Interpretationen zu dieser Kurzgeschichte:

Jakob Lehmann: Elisabeth Langgässer, Saisonbeginn. In: „Interpretationen moderner Prosa". Diesterweg: Frankfurt a. M. 1955, S. 90–98.

Margarete Arndt: „Kurzgeschichten von Elisabeth Langgässer in Obersekunda". In: „Der Deutschunterricht" 1958, Heft 6, S. 64–68.

3. Der Mensch in Grenzsituationen des Daseins

Er rettete Senters Leben

Der Schoner „Christoph" ging so sanft unter, daß Senter, der einzige Mann am Ausguck, nichts empfand als Staunen über das Meer, das zu ihm emporstieg. Im nächsten Augenblick war er klatschnaß, das Wasser schlug über ihm zusammen, und das Takelwerk, an das er sich klammerte, zog ihn in die Tiefe. Also ließ er es los.

Senter schwamm benommen und verwirrt, wie ein Mensch, dessen Welt plötzlich verschwunden ist. Mit einemmal erhob sich, wie aus der Kanone geschossen, eine Planke mit einem Ende aus dem Wasser und fiel dröhnend zurück. Er schwamm darauf zu und ergriff sie. Er sah, daß noch etwas auftauchte, und das mußte einer seiner acht Kameraden sein. Als aber der Kopf sichtbar wurde, war es nur der Hund.

Senter mochte den Hund nicht, und da er erst so kurze Zeit zur Schiffsmannschaft gehörte, erwiderte das Tier seine Abneigung. Doch jetzt hatte er die Planke erblickt. Er mühte sich ab, sie zu erreichen, und legte die Vorderpfoten darauf. Dadurch sank das eine Ende tiefer ins Wasser. Senter überkam die furchtbare Angst, sie könnte ganz untergehen. Er zog verzweifelt an seinem Ende, die Pfoten des Hundes rutschten ab, und er versank.

Aber der Hund kam wieder hoch, und wieder schwamm er schweigend, ohne Haß oder Nachträglichkeit, zur Planke zurück und legte seine Pfoten darauf.

Wieder zog Senter an seinem Ende, und wieder versank der Hund. Das wiederholte sich ein dutzendmal, bis Senter vom Ziehen ermüdet, mit Entsetzen und Verzweiflung erkannte, daß der Hund es länger aushalten konnte als er.

Senter wollte nicht mehr an das Tier denken. Er stützte die Ellenbogen auf die Planke und hob sich, soweit es ging, aus dem Wasser empor, um sich umzusehen. Der Schrecken seiner Lage überwältigte ihn. Er war Hunderte von Meilen vom Land entfernt. Selbst unter den günstigsten Umständen konnte er kaum hoffen, aufgefischt zu werden. Mit Verzweiflung sah er, was ihm bevorstand. Er würde sich einige Stunden an der Planke festhalten können – nur wenige Stunden. Dann würde sich sein Griff vor Erschöpfung lösen, und er würde versinken.

Dann fiel sein Blick auf die geduldigen Augen des Hundes. Wut erfüllte ihn, weil der Hund offenbar nicht begriff, daß sie beide sterben mußten. Seine Pfoten lagen am Rande der Planke. Dazwischen hatte er die Schnauze gestützt, so daß die Nase aus dem Wasser ragte und er atmen konnte. Sein Körper war nicht angespannt, sondern trieb ohne Anstrengung auf dem Wasser. Er war nicht aufgeregt wie Senter. Er spähte nicht nach einem Schiff, dachte nicht daran, daß sie kein Wasser hatten, machte sich nicht klar, daß sie bald in ein nasses Grab versinken mußten. Er tat ganz einfach, was im Augenblick getan werden mußte.

In der halben Stunde, seit sie sich beide an der Planke festhielten, war Senter bereits ein dutzendmal gestorben, aber der Hund würde nur einmal sterben. Plötzlich war es Senter klar: wenn er selbst zum letztenmal ins Wasser rutschte, würde der Hund noch immer oben liegen. Er wurde böse, als er das begriff, und zog sich die Hose aus und band sie zu einer Schlinge um die Planke. Dann streckte er die Arme durch und legte den Kopf auf die Planke, genau wie der Hund. Und er triumphierte, denn er wußte: so konnte er es länger aushalten. Dann aber warf er einen Blick auf die See, und Entsetzen faßte ihn aufs neue. Schnell sah er den Hund an und versuchte, so wenig an die Zukunft zu denken wie das Tier.

Am Nachmittag des zweiten Tages begannen die Pfoten des Hundes von der Planke abzurutschen. Mehrere Male schwamm er mit Anstrengung zurück, aber jedesmal war er schwächer. Und jetzt wußte Senter, daß der Hund ertrinken mußte, obschon er selbst es noch nicht ahnte. Aber er wußte auch, daß er ihn nicht entbehren konnte. Ohne diese Augen, in die er blicken konnte, würde er an die Zukunft denken und den Verstand verlieren. Er zog sich das Hemd aus, schob sich vorsichtig auf der Planke vorwärts und band die Pfoten des Tieres fest.

Am vierten Abend kam ein Frachter vorüber. Seine Lichter waren abgeblendet. Senter schrie mit heiserer, sich überschlagender Stimme, so laut er konnte. Der Hund bellte schwach. Aber auf dem Dampfer bemerkte man sie nicht. Als er vorüber war, ließ Senter in seiner Verzweiflung und Enttäuschung nicht ab zu rufen. Aber als er merkte, daß der Hund aufgehört hatte zu bellen, da hörte er auch auf zu rufen. Danach wußte er nicht mehr, was geschah, ob er lebendig war oder tot. Aber immer suchten seine Augen die Augen des Hundes...

Der Arzt des Passagierdampfers „Vermont", der zur Freude und Aufregung der Passagiere und Mannschaft einen jungen Seemann und einen Hund auf der See entdeckt und auffischen hatte lassen, schenkte den abgerissenen Fieberphantasien des jungen Menschen keinen Glauben. Denn danach hätten die beiden sechs Tage lang auf dem Wasser getrieben – und das war offensichtlich unmöglich. Er stand an der Koje und betrachtete den jungen Seemann, der den Hund in den Armen hielt, so daß seine Decke sie beide wärmte. Man hatte ihn erst beruhigen können, als auch der Hund gerettet war. Jetzt schliefen beide friedlich. „Können Sie das verstehen", fragte der Arzt den neben ihm stehenden ersten Offizier, „warum in aller Welt ein junger Bursche, der den gewissen Tod vor Augen sah, sich solche Mühe gab, das Leben eines Hundes zu retten?"

William M. Harg

Diese Kurzgeschichte des unbekannten amerikanischen Amateurschriftstellers William M. Harg wurde bei einem Preisausschreiben der Zeitschrift „Rocky Mountain Review" als beste lebenswahre Short Story mit dem ersten Preis ausgezeichnet. Der bekannte Übersetzer Kurt Wagenseil hat sie ins Deutsche übertragen.

Sie gehört zu jenen Kurzgeschichten, die den Menschen in Grenzsituationen des Daseins zeigen. Die Grenzsituation dieser Geschichte ist die ausweglose Lage eines Matrosen und eines Schiffshundes, die nach dem Schiffbruch ihres Schoners sechs Tage lang auf einer Planke im Ozean treiben, „Hunderte von Meilen vom Land entfernt“, bis sie schließlich von dem Arzt eines Passagierdampfers gerettet werden.

Das Problem dieser Kurzgeschichte wird an ihrem Schluß in der Frage des Arztes an den Schiffsoffizier ausgesprochen: „Können Sie das verstehen, warum in aller Welt ein junger Bursche, der den gewissen Tod vor Augen sah, sich solche Mühe gab, das Leben eines Hundes zu retten?“ Die Antwort auf diese Frage ist schon in der Überschrift angedeutet. Diese wiederum läßt in dem Leser von vornherein die Frage auftauchen: Wer ist dieser „Er“, der „Senters Leben“ rettet? So ist das Erzählte von Anfang an mit einer starken Spannung erfüllt, und da die Geschichte mit einer Frage schließt, die dem Leser eine Antwort geradezu abverlangt, ist sie, ganz abgesehen von ihrem ethischen Gehalt, für den Unterricht besonders geeignet, vor allem für Jungenklassen vom 8. oder 9. Schuljahr an.

In der Unterrichtspraxis hat sich erwiesen, daß sich die Schüler von der Geschichte stark angesprochen fühlen und sich in dem Unterrichtsgespräch lebhaft engagieren. Für die Erschließung der Geschichte ist folgender Weg zu empfehlen:

Um Verstehensschwierigkeiten von vornherein aus dem Wege zu räumen (besonders für „Landratten“), werden folgende Begriffe am Anfang der Stunde geklärt, wenn möglich durch die Schüler selbst:

Schoner: zweimastiges Segelschiff (das einmastige heißt Kutter, das mehrmastige Bark)

Takelwerk: Masten und Segel eines Schiffes

Ausguck: Beobachtungsplatz auf einem Schiff

Planke: starkes Brett, Bohle

Koje: Schlafraum oder Schlafstelle auf Schiffen

Die Schüler vermuten von vornherein, daß es sich um eine „Seegeschichte“ handelt. Wenn ihnen ihr Titel genannt worden ist, stellen sie von sich aus Fragen an die Geschichte: Wer ist „Er?“ – Wer ist Senter? Wie rettete „er“ Senters Leben? u. a.

Nach dem Vorlesen der Geschichte durch den Lehrer beantworten die Schüler selbst ihre an der Wandtafel stichwortartig festgehaltenen Fragen. Über die Antwort auf die Frage „Wer rettete wen?" entspinnt sich zumeist eine lebhafte Diskussion, die zu dem vorläufigen Ergebnis führt: Eigentlich rettete der Arzt des Passagierdampfers beide, den Matrosen und den Hund, vorher aber hat der Matrose den Hund dadurch gerettet, daß er dessen Pfoten an der Planke festband und bei seiner eigenen Rettung dafür sorgte, daß auch der Hund gerettet wurde. – Also stimmt die Überschrift nicht? Um das Problem tiefer zu erfassen, ist es nötig, die Geschichte Abschnitt für Abschnitt und Satz für Satz noch einmal durchzugehen und dabei besonders auf die innere Begründung der Vorgänge und auf die seelischen Reaktionen Senters zu achten. Dabei ergibt sich folgende kurze Zusammenfassung:

Beim Untergang des Schoners „Christoph" rettet sich Senter, der Mann am Ausguck, auf eine aus dem Wasser auftauchende Planke. Auf dieselbe Planke versucht sich auch der Schiffshund zu retten. „Senter mochte den Hund nicht, und da er erst so kurze Zeit zur Schiffsmannschaft gehörte, erwiderte das Tier seine Abneigung." Mensch und Tier kämpfen nun hartnäckig um die rettende Planke, der Matrose, weil er fürchtet, sie könne durch die doppelte Belastung untergehen, der Hund aus reinem Instinkt, um sein Leben zu retten. Der Kampf endet mit der Resignation des Matrosen, weil er erkennt, „daß der Hund es länger aushalten konnte als er". Er verzweifelt, als er einsieht, daß er sich nur ein paar Stunden würde an der Planke festhalten können. „Dann würde sich sein Griff vor Erschöpfung lösen, und er würde versinken." In dieser völlig ausweglosen Situation beobachtet er, wie der Hund ganz instinktiv das tut, „was im Augenblick getan werden muß": sich ohne Anstrengung treiben lassen. Die Reaktion Senters auf diese Erkenntnis ist, daß er sich an der Planke festbindet, um keine Kraft zu verlieren. Als er am anderen Tage merkt, daß die Kräfte des Hundes zu schwinden beginnen und daß er bald ertrinken muß, da wird es ihm zur Gewißheit, daß er ihn nicht mehr entbehren kann. „Ohne diese Augen, in die er blicken konnte, würde er an die Zukunft denken und den Verstand verlieren." Aus reinem Selbsterhaltungstrieb also bindet Senter den Hund mit seinem eigenen Hemd am Pfosten fest und rettet ihn so vor dem Ertrinken.

Nachdem die Schüler so weit in die Geschichte eingedrungen sind, fällt es ihnen auch nicht schwer, die Antwort auf die rhetorische Frage des Arztes zu finden und zu formulieren, etwa so:

Der Hund hat dem jungen Burschen das Leben gerettet. Er hat ihm durch sein eigenes instinktives Verhalten ein Beispiel gegeben und ist ihm unentbehrlich geworden. Mit seinem Blick hat er ihn gleichsam gebannt und ihn so davor bewahrt, durch Gedanken an die Zukunft den Verstand zu verlieren.

ZWEI MÄNNER

Als der Wolkenbruch, den sich der argentinische Himmel damals im Februar leistete, ein Ende gefunden hatte, stand das ganze Land unter Wasser. Und unter Wasser standen die Hoffnungen des Pflanzers von Santa Sabina. Wo ein saftgrünes Vermögen in Gestalt von endlosen Teefeldern mit mannshohen Yerbabüschen* gestanden hatte, dehnte sich morgens ein endloses Meer.

Der Farmer war vernichtet, das wußte er. Er saß auf einer Maiskiste neben seinem Hause und zählte die fetten Blasen, die an seine Schuhe trieben und dort zerplatzten. Das Maisfeld glich einem See. Der Rancho** des Peons*** war darin verschwunden. Sein Schilfdach trieb im Strom davon, eine nickende Straußenleiche vor sich herschiebend. Der Peon hatte sich zu seinem Herrn geflüchtet und saß neben ihm. Es war ein Indio, der mit breitem eisernem Gesicht ins Leere starrte. Seine Frau war ertrunken, als sie sich losließ, um ihre Hände zur Madonna zu erheben. Der Peon hatte drei Blasen gezählt. Ihre Hand hatte die letzte Blase erschlagen.

* Südamerikanische Stechpalme.
** Hütte.
*** Landarbeiter.

Der Farmer hatte seine Frau in der Stadt. Sie würde vergeblich auf seinen Schritt vor der Tür warten. Denn der Farmer gab sich noch eine Nacht.

Es ist unter Männern Brauch, daß man sich in gewissen Lagen die letzte Zigarette teilt. Der Farmer, im Begriff, nach Mannes Art zu handeln, wurde von seinem Peon unterbrochen. „Herr!" rief der Indio, „der Parana! Der Strom kommt...!" Er hatte recht. Man hörte in der Ferne ein furchtbares Donnern. Der Parana, angeschwollen von Wasser und Wind, brach in die Teeprovinzen ein. Parana, das heißt, der größte Strom Argentiniens. Dieses Donnern war das Todesurteil für die Männer von Santa Sabina. Sie verstanden sich auf diese Sprache, die Männer. Sie hatten tausendmal dem Tod ins Auge gesehen. Sie hatten das Weiße im Auge des Pumas gesehen und der Korallenschlange ins kaltstrahlende Gesicht. Sie hatten dem Jaguar gegenübergestanden und der großen Kobra, die sich blähte. Sie hatten alle diese Begegnungen für sich entschieden, denn ihr Auge war kalt und gelassen ihre Hand.

Jetzt aber halfen keine Patronen und kein scharfes Auge. Dieser Feind hier, das Wasser, war bösartig wie hundert Schlangen, die heranzischten, und todesdurstig wie der größte Puma auf dem Ast. Man konnte das Wasser schlagen, es wuchs. Man konnte hineinschießen, es griff an. Es biß nicht, es stach nicht, das Wasser, es suchte sich nur mit kalten Fingern eine Stelle am Mann, seinen Mund, um ihn anzufüllen, bis Blasen aus der Lunge quollen. Das Wasser war gelb und lautlos. Und man sah vor Regen den Himmel nicht.

Auf einer kleinen Insel, halb unsichtbar in der triefenden Finsternis, saß der Farmer mit seinem Peon vor seinem Haus.

Dann kam der große Parana. Er kam nicht mit Pauken und Posaunen. Nein, man merkte ihn gar nicht. Aber plötzlich stand der Schuh des Farmers im Wasser. Er zog ihn zurück. Aber nach einer Weile stand der Schuh wieder im Wasser, weiß der Teufel... Und wenn man die Maiskiste zurücksetzte, so mußte man sie bald noch ein wenig zurücksetzen, denn kein Mann sitzt gern im Wasser.

Das war alles, aber das war der Parana.

Gegen Abend fiel das Hühnerhaus um. Man hörte das halberstickte Kreischen der Vögel, dann war es wieder still. Später zischte es plötzlich im Wohnhaus auf, denn das Wasser war in den Herd gedrungen.

Als es dunkel wurde, standen der Farmer und sein Peon bereits bis zum Bauch im Wasser. Sie kletterten auf das Schilfdach. Dort auf dem Gipfel saßen sie schweigend, dunkle Schatten in der dunkelsten aller Nächte, indes

Töpfe und Kästen aus den Häusern hinausschwammen. Ein Stuhl stieß unten das Glasfenster in Scherben. Das Wasser rauschte. Die Blasen platzten. Ein totes Huhn schwamm im Kreise vor der Haustür.

Als das Wasser das Dach erreicht hatte, stieß es die Hausmauern nachlässig um. Das Dach stürzte von den gebrochenen Pfosten, schaukelte und krachte, dann drehte es sich um sich selbst und trieb in die rauschende Finsternis hinaus.

Das Dach ging einen langen Weg. Es fuhr kreisend zu Tal. Es trieb am Rande der großen Urwälder vorbei. Es segelte durch eine Herde von Rindern, die mit himmelwärts gestreckten Beinen totenstill auf dem wirbelnden Wasser trieben. Glotzäugige Fische schossen vor dem Schatten des Daches davon. Schwarze Aasgeier trieben, traubenweise an ein Pferd gekrallt, den Strom hinab. Sie blickten mordlustigen Auges herüber ... Blüten, Möbel und Leichen vereinigten sich zu einem Zug des Todes, der talwärts fuhr, einem undurchsichtigen Ende entgegen.

Gegen Morgen richtete sich der Farmer auf und befahl seinem Peon, nicht einzuschlafen. Der Indio verwunderte sich über die harte Stimme seines Herrn.

Er wäre bedenkenlos dem Farmer um die Erde gefolgt. Er war Indio und wußte, was ein Mann ist. Aber er wußte auch, daß ein Mann ein schweres Gewicht hat. Wenn nur ein Mann auf dem Dach sitzt, so hält es natürlich länger, nicht wahr, als wenn es unter dem schweren Gewicht zweier Männer auseinanderbricht und versinkt. Und dann gute Nacht ...

Er glaubte nicht, daß der Farmer gutwillig das Dach verlassen würde, aber man konnte ihn hinunterkippen, denn es ging hier um Leben und Tod. Das dachte der Indio, und er rückte näher. Sein Gesicht war steinern, es troff vor Regen.

Das Dach würde auf keinen Fall mehr bis zum Morgen schwimmen. Jetzt schon brachen einzelne Bündel ab und schwammen nebenher. Die Männer mitten auf dem furchtbaren Strom wußten nicht, wo sie waren. Dichter Nebel fuhr mit ihnen. Ringsum das Wasser schien still zu stehen. Fuhren sie im Kreis? Sie wußten es nicht. Sie sahen sich an.

Da folgte der Farmer dem Brauch aller Männer, zog seine letzte Zigarette, brach sie in zwei Teile und bot dem Indio eins an. Sie rissen das Papier ab und kauten den Tabak, da sie kein Feuer hatten.

Er ist ein guter Kamerad, dachte der Peon. Es hat keinen Zweck. Es soll alles seinen Weg gehen. Als er den würzigen Geschmack des Tabaks fühlte, wurde aus der Feindschaft langsam ein Gefühl der Treue. Was willst du? Der Peon hatte seine Frau verloren und sein Kind. Sie hatte die letzte Blase ihres Atems mit ihrer Hand zerschlagen. Er hatte nichts mehr, was ihn zu leben verlockte. Das Schilfdach sank immer tiefer. Wenn er selbst ins Wasser sprang, hielt das Dach vielleicht noch und trug seinen Herrn bis zum Morgen.

Der Dienst ist aus, adios, Senor! Der Peon kletterte über den Giebel bis an den Rand des Daches, als er plötzlich im dunklen Wasser Kaimane* rauschen sah, Jaquares**, die ihn aufmerksam anstarrten. Zum erstenmal verzog der Indio sein Gesicht, dann hielt er den Atem an und sprang.

Aber er wurde im selben Moment von seinem Herrn gehalten, der ihn wieder aus dem Wasser zog und seinen Peon zornglühend anschrie. Kreideweiß, mit rotgeränderten Augen und triefenden Haaren, beugte sich der Farmer über ihn, nannte ihn den Vater allen Unsinns und rüttelte ihn. Dann befahl er ihm, seinen Platz einzunehmen und den Mut nicht zu verlieren, verdammt noch mal ...!

Gegen Morgen trieben sie an Land, sprangen über Baumäste und wateten stundenlang, bis sie ins Trockene kamen. Sie klopften den Boden mit Stöcken nach Schlangen ab, und ehe sie sich zum Schlafen in das Maisfeld legten, sagte der Farmer:

„Morgen gehen wir zurück und fangen wieder an."

„Bueno", sagte der Indio. Der Regen hörte auf.

Günther Weisenborn

Thema dieser Kurzgeschichte ist das Ausgeliefertsein des Menschen an die entfesselten Naturgewalten und seine sittliche Bewährung in dieser aussichtslos erscheinenden Situation.

Ein Wolkenbruch, „den sich der argentinische Himmel damals im Februar leistete", hat das ganze Land unter Wasser gesetzt und die Teefelder des Pflanzers von Santa Sabina in eine Wasserwüste verwandelt.

* Krokodile.

** Spanischer Ausdruck für Kaimane.

Die Frau seines Peons ist ertrunken, „als sie sich losließ, um ihre Hände zur Madonna zu erheben“, das Kind des Peons ist ebenfalls ertrunken, seine Hütte ist von Wasser überflutet, ihr Schilfdach weggeschwemmt: ein gnadenloses Schicksal unter einem gnadenlosen Himmel. Der Peon selbst hat sich zu seinem Herrn geflüchtet und sitzt neben ihm vor dem Haus[13]. Das ist die Ausgangssituation zwischen dem gnadenlosen Gestern und dem ungewissen Morgen, wie sie der Dichter mit harten Strichen umreißt.

In diese Situation bricht mit furchtbarem Donnern der Parana. „Dieses Donnern war das Todesurteil für die Männer von Santa Sabina.“ Ihr Schicksal scheint besiegelt zu sein, und wie oft sie bisher auch schon dem Tode ins Auge gesehen haben, vor diesem Feind gibt es kein Entrinnen. „Und man sah vor Regen den Himmel nicht.“ Wie ein mythisches Ungeheuer wird das Wasser geschildert, das, von keiner Macht gehindert, immer höher steigt und schließlich die beiden Männer zwingt, auf das Schilfdach zu klettern, und nachdem es die Hausmauern „nachlässig“ umgestoßen hat, treibt es das Dach mit den beiden Männern „in die rauschende Finsternis hinaus“. Mit starker Lautsymbolik und sich steigernder Ausdruckskraft schildert der Dichter diesen wahrhaft gespenstischen „Zug des Todes, der talwärts fuhr, einem undurchsichtigen Ende entgegen“.

In dieser Orgie elementarer Vernichtungskräfte haben die zwei Männer von Anfang an eine passive Rolle gespielt: „Der Farmer ... saß auf einer Maiskiste neben seinem Haus und zählte die Blasen, die an seine Schuhe trieben und dort zerplatzten“: ein sinnloses Tun, um seine Gedanken von seinem Ruin abzulenken. „Der Peon hatte sich zu seinem Herrn geflüchtet und saß neben ihm. Es war ein Indio, der mit breitem eisernem Gesicht ins Leere starrte“, überwältigt von dem Schicksal, das ihn betroffen hat, und völliger Apathie verfallen. Als der Farmer gerade im Begriff ist, in dieser ausweglosen Lage („Der Farmer gab sich noch eine Nacht“) seine letzte Zigarette mit seinem Peon zu

[13] Der Farmer hat seine Frau in der Stadt, wo sie vergeblich auf ihn wartet.

teilen, da ruft dieser: „Herr! Der Parana! Der Strom kommt!" Das sind die ersten Menschenlaute in dieser Geschichte, ein Warnsignal! Und nun hat nur noch die Natur das Wort und das Handeln; den Menschen bleibt nichts als der schrittweise Rückzug vor ihrem Angriff, vom Zurückziehen des Schuhes aus dem Wasser bis zum Erklettern des Schilfdaches. „Dort auf dem Gipfel saßen sie schweigend, dunkle Schatten in der dunkelsten aller Nächte."

„Gegen Morgen richtete sich der Farmer auf und befahl seinem Peon, nicht einzuschlafen. Der Indio wunderte sich über die harte Stimme seines Herrn." Damit beginnt das zweite, von den Menschen bestimmte Kapitel dieser Geschichte. Die harte Stimme seines Herrn hat den Indio aus seiner Lethargie geweckt und ihm die Gefahr bewußt gemacht, in der beide schweben. Trotz seiner für ihn selbstverständlichen Treue zu seinem Herrn („Er wäre bedenkenlos dem Farmer um die Erde gefolgt") erwacht nun der Selbsterhaltungstrieb in ihm und läßt ihn seine Situation unter diesem Aspekt betrachten:

„Wenn nur e i n Mann auf dem Dach sitzt, so hält es natürlich länger, nicht wahr, als wenn es unter dem schweren Gewicht zweier Männer auseinanderbricht und versinkt ... Er glaubte nicht, daß der Farmer gutwillig das Dach verlassen würde, aber man konnte ihn hinunterkippen, denn es ging hier um Leben und Tod." So bedenkenlos also der Indio früher seinem Herrn um die Erde gefolgt wäre, so bedenkenlos ist er nun bereit, ihn von dem Schilfdach in den furchtbaren Strom zu stoßen, um sein eigenes Leben zu retten.

Bevor er seinen Entschluß verwirklichen kann, tut der Farmer das, was er zu tun vorhatte, als er von seinem Peon angerufen und auf die drohende Gefahr des donnernden Stromes aufmerksam gemacht worden war: Er teilt seine letzte Zigarette mit ihm. Diese symbolische Geste wird von dem Peon als das verstanden, als was sie gemeint ist: als ein Zeichen kameradschaftlicher Verbundenheit („Er ist ein guter Kamerad, dachte der Peon."). Dieses symbolische Zeichen bewirkt einen Gesinnungswandel in dem Indio: „Es hat keinen Zweck. Es soll alles seinen Weg gehen. Als er den würzigen Geschmack des Tabaks fühlte, wurde aus der Feindschaft langsam ein Gefühl der Treue." Und da er nichts mehr hat, wofür es sich zu leben lohnt, und da das Schilfdach immer tiefer sinkt, schickt er sich an, sich für seinen Herrn zu opfern. Vor dem entscheidenden Sprung in die Flut aber stutzt er, weil er plötzlich Kaimane im Wasser sieht, was für ihn einen Sprung in den Rachen des Todes bedeutet. „Zum erstenmal verzog der Indio sein Gesicht, dann hielt er den Atem an und sprang." Auge in Auge mit dem sicheren Tode hat den Indio die Angst gepackt. Während er bisher „mit breitem eisernem Gesicht" ins Leere gestarrt hatte, dann, nach seinem Entschluß, den Farmer zu töten, „mit steinernem Gesicht" ihm näher gerückt war, löst jetzt der Schreck die Erstarrung in eine unwillkürliche Gesichtsbewegung, hindert ihn aber nicht an dem Sprung.

Blitzschnell erfolgt die Reaktion des Farmers: er packt den Peon und zieht ihn wieder aus dem Wasser. Mit keinem Wort erwähnt der Dichter die übermenschliche Anstrengung, deren es seitens des Farmers bedurfte, um den Peon auf das treibende Schilfdach zurückzuziehen. Dafür ist die gefühlsmäßige Reaktion des Farmers um so verständlicher: „Zornglühend" schreit er den Peon an. „Kreideweiß, mit rotgeränderten Augen und triefenden Haaren, beugte sich der Farmer über ihn, nannte ihn den Vater allen Unsinns und rüttelte ihn." Was sich an ohnmächtiger Wut über ihr beider Schicksal in den letzten Stunden in dem Farmer aufgestaut hat, das bricht sich jetzt Bahn, und er läßt es an seinem Peon aus, für den er sich mitverantwortlich fühlt. Aus diesem Verantwortungsgefühl heraus befiehlt er ihm, „seinen Platz einzunehmen und den Mut nicht zu verlieren, verdammt noch mal ...!" Diese harte Sprache des Farmers ist die eines Mannes, der mit jeder Situation fertig zu werden versucht, und sei sie noch so hart.

Die schließliche Rettung der zwei Männer, die so ungleich sind, aber beide Männer, steht in keinem ursächlichen Zusammenhang mit ihrem Verhalten; sie ist sozusagen eine „Kannleistung" des Schicksals. Ihre Kameradschaft aber bewährt sich über das Erzählte hinaus:

„‚Morgen gehen wir zurück und fangen wieder an'.

‚Bueno', sagte der Indio."

Und als sei das Schicksal mit dieser ein Übermaß von Mut beweisenden wortkargen Absprache einverstanden, hörte der Regen auf.

Diese harte und scheinbar gnadenlose Geschichte hat auf die Jungenklassen, mit denen ich sie behandelt habe, stets einen tiefen Eindruck gemacht. Da sie aber mehr ist als nur eine spannende Geschichte und die Schüler zur inneren Auseinandersetzung mit ihrem elementaren Geschehen, mit der Verhaltensweise der beiden Männer und der besonderen sprachlichen Gestaltung geradezu zwingt, setzt sie einen hohen Grad von Einfühlungsvermögen der Schüler, sowie eine gewisse Reife und Urteilskraft in psychologischer und sprachlicher Hinsicht voraus. Man sollte sie deshalb frühestens am Ende des neunten, noch besser erst im zehnten Schuljahr in Jungenklassen behandeln.

Es ist vorteilhaft, einige Sacherklärungen aus der exotischen Welt, in der sie spielt, vorwegzunehmen, besonders dann, wenn der Lehrer die Geschichte nicht zum häuslichen vorbereitenden Lesen aufgeben will (die meisten Textausgaben enthalten Erklärungen der fremden Begriffe in Form von Anmerkungen), sondern sie ihnen vorzulesen gedenkt, was immer noch die eindrucksvollste Art der Vermittlung ist.

Solche zu erklärenden Begriffe sind:

Yerba: südamerikanische Stechpalmenart, aus deren Blättern das koffeinhaltige Nationalgetränk Südamerikas (Mate) gewonnen wird

Rancho: Bauernhütte

Peon: Farmarbeiter

Puma: Silberlöwe

Jaguar: leopardenähnliche Großkatze

Kobra: Giftschlange

Kaiman oder Hechtalligator: südamerikanische Krokodilsart

Jaquar: span. Ausdruck für Kaiman

Aus diesen Sacherklärungen schließen die Schüler, daß die zu behandelnde Geschichte in Südamerika spielt.

Für die Darbietung und Erarbeitung der Geschichte bieten sich zwei Möglichkeiten an. Die Überschrift sagt den Schülern zunächst nicht viel und gibt ihnen wenig Anreiz zu Fragen an die Geschichte oder zu Vermutungen. Man kann ihnen also (und das ist die erste Möglichkeit) die Geschichte ohne die Überschrift vorlesen. Das hat aber nur Sinn, wenn sie den Text noch nicht in der Hand haben; sonst werden sie, spätestens am Ende des Vorlesens, schon aus bloßer Neugier nach der Überschrift schauen und dadurch die methodische Absicht des Lehrers vereiteln, die dahin geht, die Überschrift von den Schülern selbst finden und begründen zu lassen. Das aber setzt voraus, daß sie das Vorgelesene noch einmal gründlich überdenken, um die den Kern der Geschichte treffende Überschrift zu finden bzw. auszuwählen, wenn mehrere Vorschläge gemacht werden. Das Unterrichtsgespräch würde also durch die Frage nach der Überschrift von vornherein auf den Kern der Geschichte gerichtet. Sollte sie gefunden werden, so wird der Lehrer nun in einem behutsam gesteuerten Unterrichtsgespräch die Schüler den äußeren und inneren Handlungsablauf unter dem Aspekt der Überschrift verfolgen und dabei das Wesen der zwei Männer ergründen lassen. Folgende Sinnabschnitte und Einzelszenen lassen sich gegeneinander abgrenzen:

I. Hauptabschnitt: Das Geschehen auf der Farm:

1. Die Situation nach dem Wolkenbruch
2. Der Einbruch des Stroms
3. Die ausweglose Lage der beiden Männer

II. Hauptabschnitt: Auf dem Strom:

1. Der „Zug des Todes“
2. Die Versuchung des Peons und ihre Überwindung
3. Die Rettung beider

Bei der Einzelbetrachtung dieser Abschnitte wird die Übereinstimmung von Sinngehalt und Sprachgestalt herausgearbeitet, die besonders eindringlich in der Schilderung der zerstörenden Kraft des Wassers und in dem gespenstischen Zug des Todes in Erscheinung tritt.

Besondere Beachtung wird dem entscheidenden Abschnitt der Geschichte geschenkt, der Versuchung des Peons und ihrer Überwindung, in der das Triebhafte seines Handelns offenbar wird, während der Farmer auch in den entscheidenden Grenzsituationen menschlichen Daseins die Zerreißprobe besteht und durch sein verantwortungsvolles Verhalten beide rettet und so den inneren Sieg des Menschen über die zerstörenden Gewalten der Natur erringt.

So endet diese Geschichte nicht in der Hoffnungslosigkeit menschlicher Ohnmacht gegenüber den dämonischen Elementargewalten, sondern weist über das zerstörende Gestern und Heute hinaus in ein neues Morgen.

Wenn so die Geschichte in allen Einzelheiten durchdacht und besprochen worden ist, wird sie der Lehrer den Schülern noch einmal als Ganzes vorlesen, als dichterisches Kunstwerk von starker Eindringlichkeit. Die andere Möglichkeit, den Schülern diese Kurzgeschichte methodisch zu erschließen, ist die, daß der Lehrer sie ihnen *mit* der Überschrift vorliest. Nach einer angemessenen Besinnungspause läßt er das Unterrichtsgespräch sich aus dem Eindruck entwickeln, den die Geschichte auf die Schüler gemacht hat, indem er sie auffordert, sich darüber zu äußern. Die ersten Schüleräußerungen fallen naturgemäß sehr unterschiedlich aus. So lautete die erste Frage in einem 10. Schuljahr, das von der Geschichte stark gefesselt worden war: „Wie kommt es, daß ein deutscher Schriftsteller das Ereignis so darzustellen vermocht hat, als hätte er es selbst miterlebt?“ Durch diese Frage wurde eine zweite angeregt, noch ehe die erste beantwortet war: „Ist diese Geschichte überhaupt wahr?“ Die Antwort des Lehrers auf diese beiden Fragen: Günther Weisenborn, geb. 1902 in Velbert (Rhld.), studierte in Bonn Medizin und Philosophie, wanderte 1933 nach Amerika aus und war bis 1937 als Farmer in Argentinien, später als Journalist in New York tätig. Nach seiner Rückkehr schloß er sich in Berlin einer Widerstandsgruppe gegen das NS-Regime an, wurde 1942 verurteilt und erst 1945 aus dem Zuchthaus befreit. Heute lebt er als Dramaturg in Hamburg. – Aus diesen kurzen Angaben über das Leben des Dichters beantworten die Schüler ihre erste Frage selbst. Die zweite Frage macht eine Unterscheidung zwischen Wahrheit und Wirklichkeit in der Dichtung nötig. Es erweist sich, daß die zweite Frage in dem Sinne gemeint war: Hat sich die Geschichte in der Wirklichkeit so zugetragen, wie sie der Dichter erzählt, oder hat er sie frei erfunden? Darüber gehen die Meinungen der Schüler auseinander; einig aber sind sie sich darüber, daß es darauf bei der Bewertung der Dichtung eigentlich gar nicht ankomme, vielmehr darauf, daß sie lebenswahr und lebensecht gestaltet sei. Das festzustellen, ist wiederum die Absicht und das Ziel der sich nun anschließenden Gehalt-Gestalt-Analyse in der bereits angedeuteten Form. Sie läuft aus in der Begründung der vom Dichter gewählten Überschrift, so daß sich der Ring der Betrachtung schließt, die mit einer Gestaltungsfrage begann und mit der Erkenntnis der Gehalt-Gestalt-Einheit endet. Die Erreichung dieses Unterrichtsziels hängt, wie schon mehrfach betont wurde, wesentlich davon ab, daß der Lehrer selbst in das Kunstwerk so weit eingedrungen ist, daß er den Schlüssel zu jeder Tür besitzt, zu der seine Schüler eintreten wollen.

Interpretationen zu dieser Kurzgeschichte:

G. Burkholz: Günther Weisenborn, Zwei Männer. In: „Interpretationen moderner Prosa“. Frankfurt a. M. 1955, S. 99–106.

K. Brübach: Günther Weisenborn, Zwei Männer. In: „Interpretationen zu Erzählungen der Gegenwart“, Frankfurt a. M. 1964, S. 58–60.

K. Weber: Günther Weisenborn, Zwei Männer. Interpretation und didaktisch-methodische Erschließung einer modernen deutschen Kurzgeschichte. In: „Neue Wege“ Jahrgang 1967, Heft 2, S. 59–70.

4. Der Weg vom Ich zum Du

Der Sieger

Vielleicht hatte er erwartet, als er uns jetzt herausfordernd der Reihe nach anblickte, daß wir über seine Niederlage in lauten Jubel ausbrechen würden? – Aber wir taten ihm den Gefallen nicht; wir hatten uns alle gut in der Gewalt, denn es war gefährlich, ihn zu reizen.

Wir mochten ihn nicht, diesen Kraftprotz, der, wenn er einmal den Mund aufmachte, was höchst selten geschah, von nichts anderem sprach als von seinen Kräften, vom Expanderziehen, Gewichtheben, Ringen und Boxen.

Diese Niederlage hatte er verdient, und es gab wohl keinen unter uns, der sie ihm nicht von Herzen gönnte.

Es herrschte eine Art Spannung, die jeder spürte, und die doch jeder zu ignorieren versuchte, und von der man nicht wußte, wie sie sich lösen würde; aber es war klar, daß dies hier nur der Anfang war, dazu kannten wir ihn zu genau. Wir hatten vor allem etwas Angst um Bert, der so unbeschwert glücklich war, weil er den Fünfkampf gewonnen hatte und an nichts anderes mehr denken konnte.

Erst als Dr. Brenner vom unteren Ende des Platzes heraufkam (er hatte sich von dem letzten, entscheidenden Wurf Berts persönlich überzeugt), wirkten alle ein bißchen gelöster.

„Großartig", sagte er, „Riedel, das haben Sie großartig gemacht", und er schüttelte Bert die Hand.

Und dann gingen wir alle hin und schüttelten ihm die Hand, klopften ihm auf die Schulter und sagten „prima" oder „fabelhaft hast du das hingekriegt, alter Junge", wie man das so sagt mit siebzehn, achtzehn.

„Dannwitz", sagte Dr. Brenner, „gehen Sie hin und gratulieren Sie ihm!"

Dannwitz blieb stehen und rührte sich nicht, den kräftigen, muskulösen Oberkörper nach vorn geneigt, mit unruhig hin und her pendelnden Armen stand er da und rührte sich nicht, tat keinen Schritt, und als Bert von sich aus auf ihn zuging, drehte er sich um, zeigte sein breites Kreuz und zog sich umständlich die Trainingsjacke über den Kopf.

Vielleicht hatte der Lehrer es nicht bemerkt; er tat jedenfalls so, zog den Notizblock hervor und rechnete die Punkte noch einmal zusammen. Außerdem hatte er es eilig, er mußte die Siegerurkunden ausschreiben, denn heute abend war Schulfest, und da sollten sie verteilt werden.

Wir hatten geduscht und fühlten uns wunderbar erfrischt und dachten im Augenblick an nichts anderes mehr als an den kommenden Abend. Wir gingen über den sonnenbeschienenen Platz, hatten die Trainingsblusen über dem Arm, und Bert ging in der Mitte, zwischen Bruno und mir.

„Wie hast du das nur gemacht?" fragte Bruno.

„Es war Technik", sagte Bert, „ich habe viel geübt, und vor allem habe ich mir genau angesehen, wie es die Diskus- und Speerwerfer machen. Jeder von euch kann das ebenso gut."

„Na, na", sagte Bruno, „und Dannwitz, hast du den gesehen?"

„Der ist viel stärker als ich", sagte Bert, „aber er macht es eben nur mit der rohen Kraft, wenn der noch die richtige Technik beherrschte, wäre er nicht zu schlagen."

Die Straßen waren kühl und mittagsleer, aber wir gingen am Rande der Stadt entlang zum Fluß hinunter, den Weg, der von Büschen und einem hüfthohen Zaun umsäumt war und über den Ameisen und blitzende kleine Käfer liefen. Wir hatten es gar nicht bemerkt, daß er uns gefolgt war, denn wir sprachen über den Abend und über das Fest und über das Mädchen, das jeder von uns eingeladen hatte. Mit einemmal war er plötzlich da. Sein Schatten lag breit und gefährlich vor unseren Füßen. Wir standen wie auf Kommando still. Sein Atem ging keuchend, und wir froren, als wir ihm ins Gesicht sahen.

Der Weg lief hier in eine Wiese hinein, durch die ein kleines Gewässer plätschernd zum Fluß hinunterglitt. Eine Ziege lag in der Wiese, starr, wie ein weißer Fleck.

Bert hatte gerade gesagt: „Sie hat mir versprochen, daß sie kommt."

Dannwitz' Adamsapfel ging auf und nieder; sein Gesicht war schweißnaß, und die Haare hingen ihm wie Fransen in die Stirn.

„Ihr seid doch drei", sagte er kaum hörbar, „kommt, ihr seid doch drei ..."

Niemand antwortete.

Nach einer Weile sagte Bert: „Geht man, geht man nach Hause, ich will nicht, daß ihr da hineingezogen werdet."

Er schob uns zur Seite und stellte sich mit hängenden Armen hin.

„Nun fang an", sagte er flüsternd. „Ich wehre mich nicht einmal, ich weiß, daß es keinen Zweck hat, sich zu wehren, also, fang an ..."

Die Glocken der Michaeliskirche läuteten plötzlich über den Mittag hin. Die Ziege erhob sich träge und kam langsam an den Weg heran.

Dannwitz stand da, mit geballten Fäusten und einem flackernden Licht in den Augen, das aber langsam erlosch. Sein Unterkiefer fiel herab, was seinem Gesicht einen merkwürdig hilflosen Ausdruck verlieh, seine breiten Schultern sackten zusammen, die Fäuste lösten sich, und wahrhaftig, er weinte.
Wir sahen es fassungslos.
Und dann, so plötzlich, wie er gekommen war, drehte er sich auf dem Absatz herum und trabte davon mit schwankenden Schritten, wie ein großer, verwundeter Bär.

„Er hat geweint“, sagte ich zu Hause bei Tisch. „Nie hätten wir so etwas für möglich gehalten.“
„Seit wann ist er bei euch?“ fragte der Vater.
„Ich glaube, seit anderthalb Jahren, aber wir mochten ihn nicht, von Anfang an mochten wir ihn nicht, ganz besonders nicht, als er anfing, seine Kräfte auszuspielen.“
„Womit hätte er euch sonst imponieren sollen?“
„Imponieren?“
„Na ja, was sonst“, sagte mein Vater. „Ihr seid doch eine Clique, nicht wahr, ihr kennt euch seit zehn und mehr Jahren. Er kam dazu, ein Fremder, einer, der neu war, ist es nicht so?“
Ich schwieg.

Es war Abend, und der Abend war mild und weich. Sie hatten bunte Lampions aufgehängt, die Musiker waren schon da, und ich freute mich auf jeden und auf alles.
Und da sah ich ihn stehen, er stand unter den Buchen, nicht vom Licht des Festplatzes getroffen, er stand da, wesenlos, wie ein Schatten, und ich erkannte nur die Konturen seines Gesichtes. Ich ging schweigend an ihm vorbei, aber mein Herz schlug mir im Halse. Hatte ich etwa Angst? Nein, Angst war es nicht, was mir die Kehle zuschnürte.
Bert rief mich an. „Die Mädchen sind da“, sagte er. Die anderen kamen hinzu, der Kreis war geschlossen. Ich blickte verstohlen zu den dunklen Buchen hin.
Ich ging fort und setzte mich an einen Tisch, über dem ein roter Mond baumelte. Ich stieß den Mond mit dem Finger an, und er schaukelte hin und her.
„Was ist?“ fragte Bert, und er setzte sich neben mich.

Ich zuckte mit den Schultern. – „Er steht da“, sagte ich nach einer Weile und wies mit dem Kopf in die Richtung der Buchen. „Du kannst seinen Schatten sehen, mehr nicht, er steht da, als ob er nicht zu uns gehörte.“
Wir schwiegen beide. Der Mond über uns schwang hin und her.
„Ich würde es versuchen“, sagte ich dann, „aber ich kann es nicht, deinetwegen.“
„Was soll ich denn tun?“
„Hör zu, Bert, wir haben ihm niemals eine Chance gegeben, niemals, ich glaube, das ist es!“
„Gut“, sagte Bert und stand auf.
„Falls du es vergessen haben solltest!“ rief ich ihm nach, „er heißt Werner“.
Ich weiß nicht, was sie miteinander gesprochen haben, ich will es auch nicht wissen. Aber sie kamen zusammen zwischen den Bäumen hervor, lässig gingen sie nebeneinander, als sei es schon immer so gewesen, und ich dachte, wer von ihnen hat nun eigentlich heute gewonnen?
Der Mond über mir stand still. Ich gab ihm noch einen kräftigen Schubs. Als wir zu dritt den Festplatz erreichten, begann die Musik zu spielen.

Erich Junge

Die Überschrift dieser Kurzgeschichte gibt dem Leser (oder Hörer) zunächst einige Rätsel auf: Handelt es sich um den Sieger in einem Wettkampf, was am nächsten zu liegen scheint? Wenn ja, soll der Charakter des Siegers dargestellt werden und ob er einen fairen Sieg errungen hat? Solche und ähnliche Fragen pflegen die Schüler zu stellen, wenn ihnen die Geschichte mit der Überschrift angekündigt worden ist und ihre Spannung geweckt hat. Wie sie nach dem Anhören der Geschichte gestehen, seien sie anfangs etwas enttäuscht darüber gewesen, daß der Erzähler gar nicht mit dem Sieger beginnt, sondern mit dem Verlierer, und erst ganz am Schluß sei ihnen „ein Licht aufgegangen“, als der Erzähler die Frage stellt: „Wer von ihnen hat nun eigentlich heute gewonnen?“

Diese Bemerkungen der Schüler führen mitten in das Problem der Geschichte und ihren inneren Aufbau und bieten dem Lehrer den Schlüssel zu ihrer Erschließung. Zunächst versuchen die Schüler, die Frage nach dem Sieger zu beantworten. Sie stellen fest, daß eigentlich beide gewonnen haben, der eine als Sieger im Fünfkampf und als Überwinder seiner selbst, der andere, weil er endlich das erreicht hat, worum er sich seit anderthalb Jahren vergebens bemühte: die Aufnahme in die Klassengemeinschaft.

Wenn die Schüler so gezeigt haben, daß sie bis zum Kern der Geschichte vorgedrungen sind, beginnt die Gehalt-Gestalt-Analyse, als deren Ergebnis die Schüler dann die Geschichte als Gehalt-Gestalt-Einheit erfassen.

Gleich der erste Satz führt uns mitten hinein in eine nur eben angedeutete Situation: „Er" hat eine Niederlage erlitten und schaut die anderen „herausfordernd" an. Zu den anderen gehört auch der Erzähler, der von dem Verlierer behauptet, es sei gefährlich, ihn zu reizen. Also muß er ihn wohl näher kennen, zumal er ihn gleich im nächsten Satz einen „Kraftprotz" nennt, der von nichts anderem spreche „als von seinen Kräften, vom Expanderziehen, Gewichtheben, Ringen und Boxen." Es erscheint deshalb verständlich, daß ihm „die anderen" alle seine Niederlage von Herzen gönnen.

So ist die Ausgangssituation durch „eine Art Spannung" gekennzeichnet, „die jeder spürte ... und von der man nicht wußte, wie sie sich lösen würde". Aufgehellt wird die Situation dadurch etwas, daß der Sieger im Fünfkampf genannt wird, um den „alle etwas Angst" haben, warum, läßt sich aus den vorausgehenden Andeutungen über den Verlierer nur ahnen. Als der Leiter des Wettkampfes „vom unteren Ende des Platzes" zurückkommt und den Sieger gebührend lobt, beglückwünschen ihn auch „die anderen" herzlich, und der Wettkampfleiter fordert Dannwitz, den Verlierer, auf, das gleiche zu tun. Hier wird zum erstenmal der Familienname des Verlierers genannt, während kurz vorher von dem Erzähler der Vorname des Siegers erwähnt worden war und angedeutet wurde, daß es sich bei den Beteiligten um Siebzehn- bis Achtzehnjährige handelt.

Die Reaktion des Verlierers auf die Aufforderung des Wettkampfleiters entspricht dem Bilde, das der Erzähler gleich zu Anfang von ihm entworfen hat: er ignoriert die Aufforderung, und als Bert Riedel, der Sieger, den ersten Schritt auf ihn zu tut, dreht er sich um und kehrt ihm den Rücken. Bei dieser Gelegenheit werden die äußeren Umstände der Geschichte (scheinbar ganz beiläufig) vollends erhellt: bei den „anderen" handelt es sich um eine Oberschulklasse, wahrscheinlich um eine Unterprima; der Wettkampfleiter ist also ein Studienrat, der Wettkampf ein Schulsportfest, der Erzähler ein Primaner.

Schauplatz des bisher Erzählten war der Sportplatz. Die folgende Szene spielt sich auf dem Heimweg dreier Klassenkameraden ab: des Siegers, des Erzählers und eines Kameraden namens Bruno, der aber keine andere Rolle in dieser Geschichte spielt als die eines Gesprächspartners. Auf seine Frage an den Sieger: „Wie hast du das nur gemacht?" entwickelt sich ein kurzes Gespräch, in dem sich Bert Riedel durchaus nicht als der absolut überlegene Sieger aufspielt, sondern den Erfolg seiner durch fleißiges Üben erworbenen „Technik" zuschreibt und, auf die Leistungen seines Rivalen Dannwitz angesprochen, offen zugibt: „Der ist viel stärker als ich ... Wenn er noch die richtige Technik beherrschte, wäre er nicht zu schlagen." Durch diese Bemerkung gewinnt der Sieger die Sympathie des Lesers, die in der nächsten Szene noch verstärkt wird, als der Verlierer versucht, sich gleichsam zu rehabilitieren, indem er die drei auf dem Heimweg befindlichen Klassenkameraden zum Kampf herausfordert, drei gegen einen. Auch in dieser gespannten und schwierigen Situation erweist sich der „Sieger" als der Überlegene, indem er zunächst die beiden Kameraden aus dem Spiel heraushält und sich dann buchstäblich „wehrlos" dem Herausforderer stellt, obwohl – oder gerade *weil* er weiß, daß er dessen Kräften nicht gewachsen ist. Durch diese Haltung entwaffnet er den Angreifer, der, um seine letzte Chance gebracht, wie er glaubt, selbst wehrlos wird und – weint. „Fassungslos" sehen das die drei Kameraden. Ist er vielleicht doch nicht bloß ein Kraftprotz, sondern auch ein verwundbarer Mensch? Auf diesen sich anbahnenden „Sichtwechsel" lassen die Sätze schließen, mit denen der Erzähler den Abgang des zum zweitenmal Verlierer Gewordenen von der Szene schildert: „Und dann, so plötzlich, wie er gekommen war, drehte er sich auf dem Absatz herum und trabte davon mit schwankenden Schritten, wie ein großer, verwundeter Bär."

Eine Art Zwischenszene bringt, wenigstens für den Erzähler, einen neuen Gesichtspunkt bei der Beurteilung des „Kraftprotzen". Beim Mittagessen hat der Erzähler von „dem Ereignis des Tages" berichtet. Er schließt den Bericht mit dem, was ihn innerlich anscheinend am meisten bewegt hat: „Er hat geweint. Nie hätten wir so etwas für möglich gehalten." Der Vater, dem bei dem Bericht des Sohnes ein Licht aufgegangen zu sein scheint, fragt auf diese Bemerkung hin: „Seit wann ist er bei euch?" Und als ihm die Frage beantwortet und die Antwort dahingehend ergänzt worden ist, daß die Klasse den Neuling „von Anfang an" nicht gemocht habe, „ganz besonders nicht, als er anfing, seine Kräfte auszuspielen", da wird dem Vater zur Gewißheit, was er bisher nur geahnt hat, und er erkennt, worum es hier im Grunde genommen geht. Er fragt in aller Unvoreingenommenheit: „Womit hätte er euch sonst imponieren sollen?" Diese Frage wiederum macht den Sohn stutzig, und verwirrt wiederholt er, ebenfalls als Frage, das Wort „imponieren". – „Ihr seid doch eine Clique, ... ihr kennt euch seit zehn und mehr Jahren. Er kam dazu, ein Fremder, einer, der neu war, ist es nicht so?" Diese Worte des Vaters, auf die der Sohn keine Antwort weiß, bilden die eigentliche Sinnmitte der Geschichte. Sie erhellen alles Vorhergegangene und werden zum Motor für die kommende Entscheidung (oder, wie ein Schüler bemerkte, „der Vater spielt den Wegweiser").

Am Abend bei dem Schulfest, als der Sohn, der Erzähler der Geschichte, „ihn" unter den Buchen stehen sieht, „wesenlos, wie einen Schatten", da schlägt ihm das Herz bis zum Halse. Aus Angst? „Nein, Angst war es nicht, was mir die Kehle zuschnürte." Was war es sonst? Als er bemerkt, daß „der Kreis geschlossen" ist, blickt er verstohlen zu dem Ausgeschlossenen unter den Buchen hin und sondert sich ab. Er befindet sich in einem inneren Konflikt, in den er durch die Worte des Vaters geraten ist: Soll er „es" versuchen (den Ausgeschlossenen in den Kreis der Kameraden zu holen)? Aber das ist eigentlich Sache des „Siegers", der zweimal von dem Verlierer provoziert worden ist. Als sich deshalb Bert, der Sieger, zu ihm gesellt, wird er von ihm auf den Ausgeschlossenen hingewiesen, der da steht, „als ob er nicht zu uns gehörte", und in seinen eigenen Konflikt eingeweiht (vielleicht ist er der Klassensprecher und als solcher der an sich Berufene zu dem Schritt?). Auf die Frage Berts, was er denn tun solle, antwortet er ihm mit dem Argument seines Vaters („Wir haben ihm niemals eine Chance gegeben, niemals, ich glaube, das ist es!"). Wiederum zeigt sich Bert bereit, den ersten Schritt zu tun, diesmal aber in einem viel umfassenderen Sinne, und damit er auch „den richtigen Ton finde", gibt ihm der Erzähler noch einen Wink: „Falls du es vergessen haben solltest, er heißt Werner!"

Was Sieger und Verlierer miteinander gesprochen haben, können wir nur vermuten. Entscheidend aber ist, daß die beiden „Rivalen" gemeinsam auf den Festplatz kommen. „Lässig gingen sie nebeneinander, als sei es schon immer so gewesen", so daß die Frage des Erzählers, die sich von selbst beantwortet, aber das eigentliche Thema noch einmal anklingen läßt, durchaus berechtigt erscheint: „Wer von ihnen hat nun eigentlich heute gewonnen?" Ebenso sinnvoll sind die letzten Sätze, die der Freude der Betroffenen sinnbildlichen Ausdruck verleihen und die Geschichte harmonisch ausklingen lassen.

Ist die Besprechung der Geschichte soweit gediehen, indem wir ihre Umrißlinien nachgezogen und das im Grunde psychologische Problem in seinen Einzelphasen aufgehellt haben, empfiehlt es sich, ehe wir die Geschichte durch lautes Lesen nachgestalten lassen, die Schüler anzuregen, die Geschichte vom Problem aus in wenigen Sätzen nachzuerzählen, wobei allerdings die zeitliche Reihenfolge zu beachten ist, etwa in dieser Weise:

In eine Obersekunda tritt ein neuer Schüler ein. Seine Mitschüler mögen ihn von Anfang an nicht, und als er versucht, ihnen durch seine robuste Kraft zu imponieren, um in die Klassengemeinschaft aufgenommen zu werden, verachten sie ihn als Kraftprotz. Das stachelt seinen Ehrgeiz nur noch mehr an. Bei einem Schulsportfest gelingt es ihm nicht, den Sieg zu erringen; das verletzt seinen Ehrgeiz so sehr, daß er sich auf dem Heimweg an dem Sieger zu rächen versucht. Er erleidet aber eine moralische Niederlage. Beim Mittagessen öffnet der Vater eines Mitschülers diesem die Augen über ihr wahres Verhältnis zu ihrem mißachteten Klassenkameraden, und bei dem Schulfest am Abend gelingt es dem Sieger, den Ausgeschlossenen zu versöhnen und ihn in den Kreis der Klassengemeinschaft einzuführen. So gibt es also zwei Sieger in dieser Geschichte.

Diese kurze Inhaltswiedergabe kann auch als schriftliche Hausarbeit aufgegeben werden. Erfahrungsgemäß wird sie von den Schülern (8. bis 10. Schuljahr) gern ausgeführt.

DIE BULLDOZZER KAMEN ...

Das Zechentor sieht wie immer aus, dachte Baranowski. Wie eine Lücke in fauligem Gebiß. Vor acht Stunden hat mich der dreckige Grubenmund aufgesaugt, jetzt speit er mich wieder aus.

Baranowski ging schneller. Das Gedränge beim Pförtner würde gleich stärker sein, wenn sich die Kumpel aus der Waschkaue in dichten Trauben zum Tor schoben. Baranowski mochte nicht das Haut-an-Haut-Stehen und die abgestandenen Witze dabei und den Geruch aus Kohlenstaub und Schweiß. Acht Stunden lang, das war genug. Nach Hause jetzt.

Baranowski steckte die dunkelbraune Karte in die Stempeluhr und schob sie wieder zurück in den Halter. Draußen standen ein paar Frauen. Es war Geldtag, und es drängte manchen Kumpel gegenüber in das „Lampeneck"; man konnte mit leerer Lohntüte nach einigen Stunden wieder aus der Budike heraustaumeln. Baranowski trank nicht. Nach jeder Schicht eine Flasche Mineralwasser gegen den Steinstaub, das war alles. Baranowski hatte seine 25 Arbeitsjahre lang gespart für das winzige Eigenheim am Stadtrand. Mit Blick zum Wald. Gerade das, was er brauchte nach dem Dunkel im Streb. Hatte ihn ein paar tausend Überstunden gekostet und an der linken Hand drei abgequetschte Finger, das Häuschen. Aber es hatte sich gelohnt. Baranowski hatte einen Platz für sich. Für sich, seine Frau und die zwei Kinder.

Unruhe sickerte ins Blut des Mannes, als er an den abgehärmten, lauernden Frauen vorüber war und die Sedanstraße entlangging. Eine elende Straße. Abbröckelnder, rußdreckiger Putz und lungernde, blasse Kinder auf den abgewetzten Treppen. Eines der Kinder kannte Baranowski. Die fünfjährige Tochter seines Vetters, der auf der Zeche „Großer Fritz" über Tag arbeitete, nach dem schweren Unfall damals. Baranowski war das Kind oft tuberkulös vorgekommen mit dem ständigen Hüsteln und den dunklen Rändern um die großen Augen.

Und so etwas wie diese muffige Straße kroch nun auch gegen Baranowskis kleinen Besitz an. Gestern waren Bulldozer über den Streifen zwischen seinem Haus und dem Waldrand gekrochen. Drei Stück. Das widerliche Grunzen ihrer starken Motoren hatte Baranowski von der Liege hochgeschreckt. Mit nacktem Oberkörper stand er am Fenster und starrte ungläubig durch die Gardinen. Die stählernen Stirnen der Raupenfahrzeuge drückten die Grasnarbe hoch und rissen sie zur Seite. Dicke Striemen zeichneten sich mit einem Male auf dem vorher unberührten Gelände am Rande der dunklen Stadt ab. Und Baranowski konnte an diesem Abend lange nicht einschlafen.

Jetzt stand Baranowski an seinem Haus. Fünf Schritte vor seinem Gartentor hatte man ein Schild in den Boden gerammt.

„Siedlungsprojekt Greifring, 347 Wohneinheiten."

Es ist soweit, dachte Baranowski. Die Hinterhöfe und Zechentore marschieren voran. Jetzt ist alles wieder da: die Tuchfühlung mit dem Dreck, der saure Schweiß, der unter gewaltigem Druck mit Mühe die verstopften Poren freiätzt, die Enge.

„Tolle Sache, watt?"

Baranowski drehte sich langsam um. Ein Mann mit einem Kind an der Hand kam hinter einem Erdhaufen hervor, den die Bulldozer zusammengeschaufelt hatten. Jetzt erkannte er die beiden Näherkommenden: seinen Vetter und die Tochter aus der Sedanstraße.

Wieder sagte der andere: „Tolle Sache, watt, Franz? Wir werden Nachbarn, alter Bursche!" Er schlug Baranowski froh auf die Schulter. „Freu dich mit uns, alter Bollerkopp! Wir kommen endlich raus aus der verfallenen Steinhütte bei der Zeche. Hier ist frische Luft. Hier ist nicht mehr das Übereinanderhocken. Hier kann man atmen! Haha!"

Der Mann jubelte richtig. Baranowski stutzte. Er kratzte mit einem Steinchen den Lehm zwischen Sohle und Absatz weg. Als Baranowski sich wieder hochreckte, lachte auch er ein wenig.
„Ich glaube, ich habe mir die Sache mit der Siedlung ein bißchen schief angeguckt!" sagte er. „Muß mir das noch mal durch den Schädel ziehen lassen. Kommt rein!"

Josef Reding

Josef Reding, der Verfasser dieser Alltagsgeschichte aus dem „Kohlenpott", kennt die Menschen dieses Gebiets, ihre Alltagssorgen und -probleme aus eigener Erfahrung. Er wurde 1929 in Castrop-Rauxel geboren und lebt heute in Dortmund. Sein erstes Buch veröffentlichte er 1952. Seither hat er nichts geschrieben, was er nicht auch im Innersten erlebt und im äußeren Leben erfahren hat, bei den Negern in Nordamerika wie bei den Aussätzigen in Indien. Davon legen vor allem seine Kurzgeschichtenbände Zeugnis ab, die er unter den bezeichnenden Titeln „Nennt mich nicht Nigger", „Wer betet für Judas?" und „Allein in Babylon" veröffentlicht hat. Vor allem zwei Probleme sind es, die er in den verschiedensten Abwandlungen immer wieder gestaltet: der einsame Mensch und: der Weg des Ich zum Du. Josef Reding ist ein ausgesprochen engagierter Schriftsteller im besten Sinne des Wortes.

Was Heinz Piontek in seinem Essay „Graphik in Prosa"[14] als Wesensmerkmal der modernen Kurzgeschichte besonders hervorhebt, daß nämlich das wenige, das ihre Umrißlinien umgrenzen, „von einer betörenden und gleichzeitig verwundenden Eindringlichkeit" sei, uns in Bann schlage und uns die Augen öffne, das zeigt sich an Redings Kurzgeschichten in besonderem Maße und wirkt sich auf die Schüler mit geradezu verblüffender Eindringlichkeit aus. An zwei seiner Kurzgeschichten, die scheinbar zu den anspruchslosesten gehören, wurde das immer wieder festgestellt, und zwar an der Kindergeschichte „Noch eine Wundertüte gratis" und an unserer Kurzgeschichte „Die Bulldozzer kamen ..."

---

[14] Vgl. S. 14.

Ihre Überschrift gibt zu zwei Schülerfragen Anlaß: „Was sind Bulldozzer?“ und: „Warum stehen hinter der Überschrift drei Punkte?“ Die erste Frage wird in der Regel aus der Klasse selbst beantwortet, besonders in Jungenklassen. Bulldozzer sind Flachbagger, auf Raupenfahrzeuge gebaute Tiefbaumaschinen zum Abräumen, Beiseiteschieben, Einebnen, Verladen von Erdmassen durch eine breite, verstellbare Stahlschaufel, wie bei einem Schneepflug. (B. ist ein englisches Wort, zusammengesetzt aus bull = Stier und to doze = stoßen, schieben; Bulldozer also wörtlich „Schiebestier“.) Daß es in unserer Geschichte mit zwei „z“ geschrieben wird, ist kein Druckfehler, sondern eine Anpassung der Schreibweise an die im Umgangsdeutsch übliche Aussprache des Wortes.

Auch die zweite Schülerfrage (Weshalb stehen hinter der Überschrift drei Punkte?) wird in der Regel von der Klasse beantwortet, und zwar etwa in dem Sinne: Die Überschrift ist eigentlich ein Aussagesatz, aber so allgemein gehalten, daß er zwar einen Denkanstoß in eine gewisse Richtung gibt, von dem Inhalt der Geschichte aber nichts verrät. Mit den drei Punkten wirkt die Überschrift in gewissem Sinne provozierend auf die Phantasie: Was hat es denn nun mit den Bulldozzern auf sich? Wohin kommen sie? Zu welchem Zweck kommen sie? So wird durch ein kurz verweilendes Betrachten der Überschrift die Spannung der Schüler geweckt und ihre Aufnahmebereitschaft erhöht.

Nach dem Vorlesen der Geschichte durch den Lehrer bedarf es meistens keines weiteren Anstoßes, um das Unterrichtsgespräch in Gang zu bringen. Die Schüler versuchen vielmehr selbst, zunächst die Berechtigung der Überschrift, von der wir ausgegangen sind, nachzuweisen. Ihrer Meinung nach „trifft sie ins Schwarze“; denn mit den Bulldozzern, die über den Streifen zwischen Baranowskis Haus und dem Waldrand krochen und deren plötzliches Erscheinen den Bergmann lange nicht einschlafen ließ, fängt nach ihrer Meinung die Geschichte eigentlich an. Als Höhepunkt der äußeren Handlung der Geschichte bezeichnen die Schüler einstimmig die Worte Baranowskis im Schluß: „Ich glaube, ich habe mir die Sache mit der Siedlung ein bißchen schief angeguckt! Muß mir das noch mal durch den Schädel ziehen lassen! Kommt rein!" Sie begründen ihre Entscheidung mit dem Hinweis darauf, daß diese Worte auf einen Gesinnungswandel Baranowskis schließen lassen, der zunächst nur an sich und die Seinen gedacht habe, dann aber durch die Worte seines Vetters „zur Besinnung gekommen sei" und als äußeres Zeichen seiner inneren Wandlung den Vetter und sein Töchterchen zu sich ins Haus einlädt. – Wenn die Schüler so durch ihre Fragen und Bemerkungen gezeigt haben, daß sie dem Sinn der Geschichte auf die Spur gekommen sind, können wir beim abschnittsweisen stillen Nachlesen die Geschichte in ihren Einzelheiten erfassen lassen, um sie schließlich als künstlerisches Ganzes noch einmal zu überblicken.

Mit einem etwas makaberen sprachlichen Bild werden wir in die Situation eingeführt: das Zechentor als „Lücke in fauligem Gebiß", der Schacht als „dreckiger Grubenmund", der die Bergleute einsaugt und wieder ausspeit. Gleich im ersten Satz werden wir mit der Hauptperson der Geschichte bekannt gemacht, dem „Kumpel" Baranowski, den der Dichter im Verlauf der Geschichte als Einzelgänger charakterisiert: Er „mochte nicht das Haut-anHaut-Stehen und die abgestandenen Witze dabei und den Geruch aus Kohlenstaub und Schweiß ... Baranowski trank nicht ... Baranowski hatte seine 25 Arbeitsjahre lang gespart für das winzige Eigenheim am Stadtrand... Baranowski hatte einen Platz für sich. Für sich, seine Frau und die zwei Kinder." Dafür hatten sich die paar tausend Überstunden gelohnt, und auch die drei abgequetschten Finger der linken Hand hat er dafür in Kauf genommen.

Sein Heimweg führt ihn durch die Sedanstraße, „eine elende Straße" wie ungezählte andere in Bergmannssiedlungen. Eins der Kinder, die in dieser Straße herumlungern, erwähnt der Dichter besonders, die krank aussehende Tochter des Vetters von Baranowski, der seit „dem schweren Unfall damals" auf der Zeche „Großer Fritz" über Tage arbeitet. Beim Vorlesen der Geschichte haben die Schüler diese scheinbar beiläufigen Sätze nicht beachtet. Jetzt aber, nachdem sie den Ausgang der Geschichte kennen, geht ihnen ihre Bedeutung im Rahmen der minimalen Handlung auf: hier werden zwei Menschen erwähnt, die nicht wie Baranowski in einem Eigenheim „mit Blick zum Walde“ wohnen, sondern in einer rußdreckigen Straße an der Zeche. Die Schüler ahnen jetzt auch, was es mit der Bemerkung des Dichters auf sich hat: „Unruhe sickerte ins Blut des Mannes, als er die Sedanstraße entlangging.“ Denn „so etwas wie diese muffige Straße kroch nun auch gegen Baranowskis kleinen Besitz an“, und zwar in Gestalt von drei Bulldozzern, die ihn gestern mit dem „widerlichen Grunzen ihrer starken Motoren“ aus seiner Ruhe aufgeschreckt hatten und sein bescheidenes Glück des Alleinseins bedrohten. – Unmittelbar vor seinem Gartentor hat diese Bedrohung Gestalt angenommen in Form eines in den Boden eingerammten Schildes mit der Aufschrift: Siedlungsprojekt Greifring, 347 Wohneinheiten.

Und was Baranowski bei seinem Gang durch die Sedanstraße als Ahnung beunruhigt hatte, das steht jetzt als Gewißheit vor ihm: „Die Hinterhöfe und die Zechentore marschieren voran. Jetzt ist alles wieder da: die Tuchfühlung mit dem Dreck, ... die Enge.“ – Unter diesem Blickwinkel sieht Baranowski das „Siedlungsprojekt Greifring“, und die Schüler verstehen seine Einstellung; denn sie haben sich inzwischen so sehr in ihn hineingedacht, daß sie sich in einer ganz natürlichen Reaktion mit dem Einzelgänger identifizieren. (Hätten sie selbst an seiner Stelle nicht ebenso reagiert?)

Die Wende in der Geschichte bringen die etwas banalen, aber ehrlich gemeinten Worte des Vetters aus der Sedanstraße: „Tolle Sache, watt?“ Sie lassen das Projekt Greifring sofort in einem anderen Lichte erscheinen, und als der Vetter die Worte wiederholt und seiner Freude darüber unverhohlen Ausdruck gibt, daß sie bald Nachbarn werden, daß auch er mit seiner Familie bald „aus der verfallenen Steinhütte an der Zeche“ herauskomme, da – stutzt Baranowski. Er ist durch die Worte und den Freudenausbruch des Vetters buchstäblich betroffen. So also sieht sein Vetter das Siedlungprojekt! Und während er – um seine Betroffenheit über diese „andere Sicht“ zu verbergen – mit einem Steinchen den Lehm zwischen Sohle und Absatz wegkratzt, vollzieht sich in seinem Inneren der „Sichtwechsel" des Einzelgängers, sein beginnender Gesinnungswandel.

Die Schüler erkennen von sich aus die Bedeutsamkeit der banalen Gebärde. Hier wendet der Dichter das für die moderne Kurzgeschichte charakteristische Stilmittel der „Verfremdung" an (vgl. S. 18). „Als Baranowski sich wieder hochreckte, lachte er auch ein wenig", das äußere Zeichen für ein inneres Geschehen. Hinter den nüchtern verhaltenen Worten Baranowskis verbirgt sich das Eigentliche des Vorgangs, das dadurch wieder ins Beiläufige abgedrängt wird; der Scheitelpunkt wird so in den linearen Verlauf des Geschehens herabgedrückt. Durch dieses Stilmittel und mit der jedes Pathos vermeidenden Sprache erreicht der Dichter die innere Wahrhaftigkeit seiner Geschichte.

Zusammenfassend stellen die Schüler fest, es handle sich bei dieser Geschichte um ein alltägliches Geschehen, den Gesinnungswandel eines Alltagsmenschen. Die Sprache sei diesem Geschehen und den Personen angemessen, zuweilen mehr andeutend als ausführend, immer aber wirke sie echt. Spannend sei die Geschichte nicht sehr, aber irgendwie „aufregend", weil sie zur Auseinandersetzung mit ihr anrege und etwas zu sagen habe, was über den Einzelfall hinausweise. – Gerade das aber ist das Anliegen des Dichters.

Die beinah verhinderte Weihnacht

In den Tagen vor Weihnachten sollte man nicht reisen. Denn die Herbergen sind auch heute meist noch überfüllt wie zu den Zeiten der heiligen Drei. Jedermann ist unterwegs sich anzumelden, ein jeglicher in seiner Stadt, in seiner Familie.

Meine Weihnachtsreise ging in jenem Jahr durch ganz Italien gen Süden, wo in dem kleinen Felsennest am Mittelmeer meine Familie auf den Vater wartete. Mit neun Stunden Verspätung kam ich in Castellamare an. Jenseits des gewaltigen Berges, des Monte Sant' Angelo, warteten die Meinen auf mich, sehr nahe und doch sehr weit, denn es fuhr kein Zug und kein Omnibus mehr. In zwei Stunden würden sie die tausend Treppenstufen zur Mitternachtsmette hinabsteigen – ohne mich! Denn ich hatte noch genau anderthalb Stunden mit dem Auto zu fahren für den Fall, daß ich überhaupt eines auftreiben würde. Und das schien mir aussichtslos. Ich blickte zum Monte Sant' Angelo hinauf, so als müßte der Berg, dessen Gipfel aus Silber getrieben schien, ein Einsehen haben und für eine halbe Stunde zur Seite rücken.

In diesem Augenblick stand ein Mann vor mir. Sein Kopf war so silbrig wie das Haupt des Berges. Und er fragte mich wirklich, warum ich derart traurig zum Monte Sant' Angelo aufgeblickt hätte. Ich sagte ihm, weil dort hinter dem Berg meine Familie auf mich warte; ich hätte aber die Hoffnung bereits aufgegeben, in so später Nacht noch eine Fahrmöglichkeit nach dort zu finden. Der Herr hörte aufmerksam zu, schloß die Augen und sagte dann lächelnd: „Sie sollen nicht vergebens Ihre Augen zu den hilfreichen Bergen aufgehoben haben. Kommen Sie!"

Er hieß mich mitten auf einem großen Platz warten. Die Cafés waren längst geschlossen, nur da und dort war ein Fenster erleuchtet. Ich betrachtete diese Lichter und zählte sie; mit jedem, das erlosch, schwand auch meine Hoffnung, noch in dieser Nacht heimzukommen, mehr und mehr dahin. Die Zeit kam mir endlos vor, und ich wartete doch erst wenige Minuten. Da fuhr neben mir ein Mietwagen vor. Der freundliche, weißhaarige Herr stieg aus, wies auf den Fahrer und sagte: „Ecco!"

Ich dankte dem Unbekannten und malte ihm die Freude meiner Frau und der Töchter aus, pries ihn und natürlich auch den Mann, der mich zu fahren bereit war, als die Urheber meiner Weihnachtsfreude. Er blickte mich einen Augenblick an, als erinnerte er sich an etwas Fernes, Vergangenes. Schließlich sagte er: „Ein eigenartiges Gefühl, Urheber von Freuden zu sein, die man selber nie genoß. Sie sind unruhig, aber Ihre Unruhe hat ein Ziel, während manche, die in dieser Nacht unterwegs sind, kein Ziel haben. Addio!"

Er wandte sich mit leicht grüßender Hand schnell ab. Ich blickte ihm geradezu erschrocken nach. Der Wagen fuhr mit einem scharfen Ruck an und warf mich gegen das Polster.

Ich merkte, der Mann neben mir war nicht gut gelaunt. Ich hatte mich auf den Platz neben ihn gesetzt, um mit ihm zu plaudern. Aber er antwortete auf meine Fragen nur mürrisch, blickte geradeaus und rauchte. Als wir die Paßhöhe hinter uns hatten und an der Südseite des Gebirges fuhren, zu unserer

Rechten in der Tiefe das Meer, zur Linken die meist steil aufsteigenden Kalkfelsen, stieß der dicke Mann plötzlich einen gewürgten Schrei aus; es klang fast so, als hätte er seinen Zigarettenstummel verschluckt.

Ich fuhr herum, hörte die Bremsen kreischen, und wie ich wieder nach vorn blickte, bemerkte ich im Scheinwerferlicht auf dem Weg einen scharfgezackten Schatten. Im letzten Augenblick hielt der Wagen, die Lichter spielten vorsichtig an der Barriere mitten auf dem Fahrweg. Ein richtiger kleiner Bergrutsch! Auf den Lippen des verstummten Fahrers entzündete sich endlich ein Fluch, der knatternd wie ein Feuerwerkskörper abbrannte.

Wir saßen fest, denn auf einer derartig gewundenen Straße bis zur nächsten Stelle, wo der Wagen gedreht werden konnte, rückwärts zu fahren, das war nicht nur mühsam und gefährlich, sondern ohne ein starkes Rücklicht unmöglich.

Ich stieg aus, legte den Mantel ab und begann ohne ein Wort, die größeren Steine, soweit ich sie bewegen konnte, auf die Seite zu rollen. Der in seinem Grimm erstaunte Autista sah mir keine halbe Minute zu, da stand er neben mir, und wir wälzten Brocken, an denen ich vergeblich gerüttelt hatte, mit gemeinschaftlichem Hau und Ruck einen Meter nach rechts oder links. Bald hatte er selber den Befehl übernommen, wir schwitzten, und unsere anfeuernden Rufe wurden immer lauter und vergnügter.

Als wir den größten Brocken, den wir bisher, um den Mut nicht zu verlieren, übersehen und erst gar nicht angepackt hatten, endlich ins Auge faßten, merkten wir, daß er nicht zu bewegen war. Mein dicker Mitarbeiter lief zu seinem Wagen und kam lachend mit der Winde wieder, mit der sonst der Wagen in die Höhe gehoben wird. Mit diesem unansehnlichen Werkzeug schoben wir den Brocken so weit auf die Seite, daß uns der Weg schießlich notdürftig frei schien. Es kam noch darauf an, daß der Wagen auf der Masse aus Erde und Grießgestein nicht seitlich abrutschte und über das Wegmäuerchen zur Rechten in die Tiefe rutschte.

„Ich heiße übrigens Giuseppe", sagte der dicke Mann, als wir zum Wagen gingen und einstiegen. Ich nannte auf dieselbe Weise meine Namen. Wir lachten. „Eine schöne Nacht", sagte Giuseppe und blickte in den wolkenlosen, ganz klaren Himmel. „Ich habe selten so viele Sterne auf einmal gesehen."

Der Motor sprang an, und der Wagen nahm den breiten, unebenen Buckel des Hindernisses. Wir hörten die Steine gegen den Boden des Wagens schlagen, dann fuhren wir auf dem Asphaltband.

Giuseppe ließ den Atem gehen und bat mich, ich solle ihm die Zigarette anzünden. Bei der Flamme blickte er mich mit einem verschmitzten Lächeln an und sagte: „Aber zurück fahr ich doch über Cragnano, man soll Gott nicht zweimal auf derselben Stelle versuchen."

Ich dankte ihm und begann nun in der Vorfreude des Wiedersehens ihm von meiner Frau und den Töchtern zu erzählen. Giuseppe erzählte von seinem ältesten Jungen, der ihm einmal, da er knapp zehn gewesen sei, mit dieser Karre hier ausgerückt sei. Wenn er dem Kleinen die Geschichte dieser Nacht erzähle, dann steige er, der Vater, wahrscheinlich gewaltig in der Achtung des Jungen.

Als wir am Ziel Abschied nahmen, war es mir, als hätten wir uns schon seit langem gekannt. Zehn Minuten später trat ich durch den kleinen Garten in das weiße Haus auf dem Berge, gerade als die Glocken die Mitternacht verkündeten.

Stefan Andres

Die vorliegende Kurzgeschichte ist dem Bande „Positano – Geschichten aus einer Stadt am Meer" entnommen. In dieser Stadt am Golf von Salerno hat *Stefan Andres* mit seiner Familie von 1937 bis 1949 gelebt, und es ist durchaus anzunehmen, daß die Geschichte, die in der Ichform erzählt wird, auf ein persönliches Erlebnis des Dichters zurückgeht.

Ihre Überschrift könnte auf eine heitere Begebenheit schließen lassen, und ihre ersten Sätze, in denen der Wortlaut des Weihnachtsevangeliums nach Lucas leise parodiert wird, scheinen diese Vermutung zu bestätigen: „... die Herbergen sind auch heute meist noch überfüllt wie zu den Zeiten der heiligen Drei. Jedermann ist unterwegs sich anzumelden, ein jeglicher in seiner Stadt, in seiner Familie." – Doch das sind nicht die einzigen Anspielungen auf das Heilsgeschehen. Der Berg, hinter dem die Familie des Dichters auf seine Rückkehr wartet, heißt „Monte Sant' Angelo" – Berg des heiligen Engels. Von dem freundlichen weißhaarigen Herrn heißt es: „Sein Kopf war so silbrig wie das Haupt des Berges." Während das kurze Gespräch zwischen ihm und dem Dichter in indirekter Rede wiedergegeben wird, stehen seine ermunternden Worte an den Dichter in direkter Rede: „Sie sollen nicht vergebens ihre Augen zu den hilfreichen Bergen aufgehoben haben.“ Dieser Satz wiederum ruft uns, wenn auch in abgewandelter Bedeutung, den Psalm 121 ins Gedächtnis: „Erhöbe ich auch zu den Bergen meine Augen, von ihrer keinem käme mir die Hilfe.“ Der hilfreiche Autofahrer, der dem Dichter die rechtzeitige Heimkehr ermöglicht, heißt „übrigens“ Giuseppe, Josef, ein Name, der mit dem Ereignis von Bethlehem untrennbar verbunden ist.

So wird zwar das eigentliche Weihnachtsgeschehen in dieser Geschichte mit keinem Wort erwähnt, aber die wiederholten Anklänge an Bibelworte schaffen eine gewisse weihnachtliche Atmosphäre. Sie den Schülern in unaufdringlicher Weise spürbar zu machen, gehört zu der Erschließungsarbeit des Lehrers.

Die Ausgangssituation der Geschichte ist trotz des scheinbar heiteren Anfangs alles andere als hoffnungsfroh: In Castellamare („Burg am Meer“), einer Hafenstadt am Golf von Neapel, ist der Dichter nach einer Fahrt durch ganz Italien am Weihnachtsabend mit neun Stunden Verspätung angekommen. In Positano, „dem kleinen Felsennest am Mittelmeer“, wartet seine Familie auf ihn. Da kein Zug und kein Omnibus mehr fährt, bleibt ihm nur die schwache Hoffnung, mit einem Mietwagen den Weg bis dahin zurücklegen zu können. Die beiden Orte liegen zwar in der Luftlinie nur knapp zehn Kilometer voneinander entfernt, aber dazwischen liegt der Monte Sant' Angelo mit seinen 1440 Metern Höhe, und über seinen Paß führt die Autostraße. Der Dichter hat die Hoffnung schon aufgegeben, noch eine Fahrmöglichkeit in sein Heim zu bekommen, da tritt, gleichsam als rettender Engel, ein weißhaariger Herr zu ihm und verspricht ihm mit den abgewandelten Psalmversen Hilfe. Mitten auf dem großen Platz heißt er ihn warten. So wie die Lichter auf dem Platz eins nach dem andern erlöschen, so schwindet auch die Hoffnung des Dichters, noch in dieser Nacht heimzukommen, mehr und mehr dahin. „Die Zeit kam mir endlos vor, und ich wartete doch erst wenige Minuten.“ Er hat nicht vergebens gewartet: ein Mietwagen fährt vor, der „freundliche, weißhaarige Herr" steigt aus und weist auf den Fahrer mit dem Wort, das uns aus den Verkündigungsworten des Engels aus dem Lucasevangelium vertraut ist: „Ecco!" (Siehe da!) („Et *ecce* angelus dei stetit juxta illos ... Nolite timere: *ecce* enim, evangelico vobis gaudium magnum.")

Die Dankesworte des Dichters an den hilfsbereiten Unbekannten veranlassen diesen zu einer Bemerkung, hinter der wir etwas von seinem Schicksal ahnen: „Ein eigenartiges Gefühl, Urheber von Freuden zu sein, die man selber nie genoß. Sie sind unruhig, aber Ihre Unruhe hat ein Ziel, während manche, die in dieser Nacht unterwegs sind, kein Ziel haben. Addio!" (Und hinter diesem Abschiedsgruß leuchtet der fromme Wunsch auf, den er ja eigentlich enthält: „Mit Gott!" oder: „Gott befohlen!"). Die Reaktion des Dichters mutet einigermaßen verwunderlich an: „Ich blickte ihm geradezu erschrocken nach" – Haben die Worte des Fremden ihn innerlich so stark angerührt, daß er – für Augenblicke wenigstens – all derer gedenkt, „die in dieser Nacht unterwegs sind und kein Ziel haben", wie eben dieser Unbekannte?

Nun, da er die Gewißheit hat, bald mit den Seinen vereint zu sein, ist der Dichter auch bereit, sich anderen aufzuschließen, und er setzt sich neben den Fahrer, „um mit ihm zu plaudern". Aber der Mann neben ihm ist nicht dazu aufgelegt, und das ist nicht verwunderlich. Auch er denkt zunächst nur an sich und seine Familie, und die Störung der Weihnachtsfeier hat ihm die Laune verdorben. Als er nun gar plötzlich „einen gewürgten Schrei" ausstößt, als die Bremsen kreischen, da ist es da, das Unbekannte, das Unheimliche, das Hindernis: „Ein richtiger kleiner Bergrutsch!" Und wenn sich endlich von den Lippen des erschrockenen Fahrers ein Fluch löst, der „knatternd wie ein Feuerwerkskörper abbrannte", so paßt dieses sprachliche Bild nicht nur zu der lärmfrohen Art, mit der die temperamentvollen Italiener Weihnachten feiern, sondern es entlädt sich darin auch der ganze aufgespeicherte Groll des Fahrers über die gestörte Weihnachtsfeier und über das zunächst unüberwindlich erscheinende Hindernis: „Wir saßen fest."

Geradezu rührend mutet es an, wie der Dichter sich nun bemüht, „ohne ein Wort" die größeren Steine, so weit er sie bewältigen kann, auf die Seite zu rollen. „Der in seinem Grimm erstaunte Autista" legt bald mit Hand an, übernimmt sogar selbst den Befehl, und die anfeuernden Rufe der beiden Männer „werden immer lauter und vergnügter". Als sie auch „den größten Brocken" bewältigt haben und „der Weg notdürftig frei scheint", da erst stellen sie sich gegenseitig vor, indem sie nur ihre Vornamen nennen, und lachen. Und als sei mit diesem Lachen endgültig der Bann gebrochen, nehmen sie mit einemmal auch die Schönheit der Weihnachtsnacht wahr: „‚Eine schöne Nacht', sagte Giuseppe und blickte in den wolkenlosen, ganz klaren Himmel. ‚Ich habe selten so viele Sterne auf einmal gesehen'."

Der Wagen springt an, nimmt den breiten, unebenen Buckel des Hindernisses und gelangt wieder auf das Asphaltband der Straße. Die Gefahr ist durch die gemeinsame Anstrengung überwunden, und die beiden Männer haben den Weg vom Ich zum Du gefunden, so daß der Dichter zum Schluß sagen kann: „Als wir am Ziel Abschied nahmen, war es mir, als hätten wir uns schon seit langem gekannt."

Für vierzehn- bis fünfzehnjährige Schüler bietet diese Geschichte keine Verständnisschwierigkeiten; trotzdem empfiehlt es sich, vor ihrer Darbietung die geographischen Verhältnisse zu klären, am besten durch eine Faustskizze:

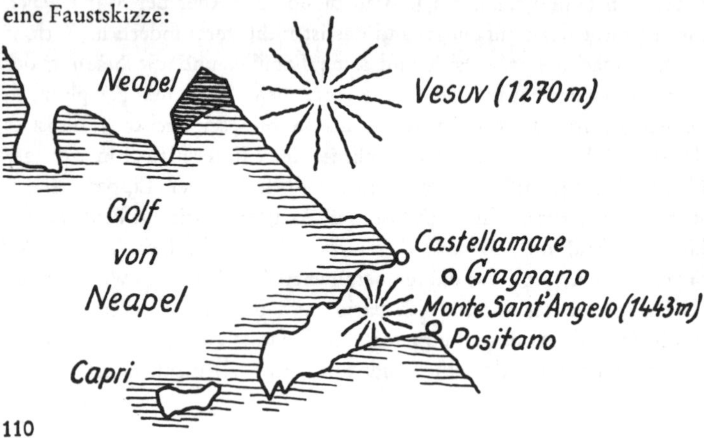

Die Skizze wird vor der Unterrichtsstunde auf die Wandtafel gezeichnet und bietet Anlaß zu Fragen und Vermutungen der Schüler. Der Lehrer wird sich bei dem Unterrichtsgespräch auf die Klärung der geographischen und verkehrstechnischen Verhältnisse beschränken, die für die Geschichte bedeutsam sind. Die Skizze wirkt zugleich in hohem Maße spannungweckend. Die Geschichte selbst aber gibt Antwort auf alle Schülerfragen, die nach ihrer Ankündigung durch die Überschrift etwa gestellt werden, und wenn sie dann mit dem Geläut der Mitternachtsglocken ausklingt, die den Menschen den „Frieden auf Erden" verkünden, so wissen die Schüler, daß zwei Familien diesen Weihnachtsfrieden und die Weihnachtsfreude aus reinem Herzen genießen können, weil zwei Männer kurz zuvor den Weg vom Ich zum Du gefunden haben. Das aber ist der Kern der Geschichte.

Interpretation zu dieser Weihnachtsgeschichte:

Walter Wolf: Stefan Andres, Die beinah verhinderte Weihnacht. In: „Interpretationen moderner Prosa". Frankfurt 1955, S. 107–111.

5. Die Macht des Gewissens

Brudermord im Altwasser

Das sind grünschwarze Tümpel, von Weiden überhangen, von Wasserjungfern übersurrt, das heißt: wie Tümpel und kleine Weiher, und auch große Weiher, ist es anzusehen, und es ist doch nur Donauwasser, durch Steindämme abgesondert vom großen, grünen Strom, Altwasser, wie man es in der Gegend nennt. Fische gibt es im Altwasser, viele, Fischkönig ist der Bürstling, ein Raubtier mit zackiger, kratzender Rückenflosse, mit bösen Augen, einem gefräßigen Maul, grünschwarzschillernd wie das Wasser, darin er jagt. Und wie heiß es hier im Sommer ist! Die Weiden schlucken den Wind, der draußen über dem Strom immer geht. Und aus dem Schlamm steigt ein Geruch wie

Fäulnis und Kot und Tod. Kein besserer Ort ist zu finden für Knabenspiele als dieses gründämmerige Gebiet. Und hier geschah, was ich jetzt erzähle.

Die drei Hofberger Buben, elfjährig, zwölfjährig, dreizehnjährig, waren damals im August jeden Tag auf den heißen Steindämmen, hockten unter den Weiden, waren Indianer im Dickicht und Wurzelgeflecht, pflückten Brombeeren, die schwarzfeucht, stachlig geschützt, glänzten, schlichen durch das Schilf, das in hohen Stangen wuchs, schnitten sich Weidenruten, rauften, schlugen wohl auch mal dem Jüngsten, dem Elfjährigen, eine tiefe Schramme, daß sein Gesicht rot beschmiert war wie eine Menschenfressermaske, brachen wie Hirsche und schreiend durch Buschwerk und Graben zur breitfließenden Donau vor, wuschen den blutigen Kopf, und die Haare deckten die Wunde dann, und waren gleich wieder versöhnt. Die Eltern durften natürlich nichts erfahren von solchen bösen Streichen, und sie lachten alle drei und vereinbarten wie immer: „Zu Hause sagen wir aber nichts davon!“

Die Altwässer ziehen sich stundenweit die Donau entlang. Bei einem Streifzug einmal waren die drei tief in die grüne Wildnis vorgedrungen, tiefer als je zuvor, bis zu einem Weiher, größer, als sie je einen gesehen hatten, schwarz der Wasserspiegel, und am Ufer lag ein Fischerboot angekettet. Den Pfahl, an dem die Kette hing, rissen sie aus dem schlammigen Boden, warfen Kette und Pfahl ins Boot, stiegen ein, ein Ruder lag auch dabei, und ruderten in die Mitte des Weihers hinaus. Nun waren sie Seeräuber und träumten und brüteten wilde Pläne. Die Sonne schien auf ihre bloßen Köpfe, das Boot lag unbeweglich, unbeweglich stand das Schilf am jenseitigen Ufer, Staunzen fuhren leise summend durch die dicke Luft, kleine Blutsauger, aber die abgehärteten Knaben spürten die Stiche nicht mehr.

Der Dreizehnjährige begann das Boot leicht zu schaukeln. Gleich wiegten sich die beiden anderen mit, auf und nieder, Wasserringe liefen über den Weiher, Wellen schlugen platschend ans Ufer, die Binsen schwankten und wackelten. Die Knaben schaukelten heftiger, daß der Bootsrand bis zum Wasserspiegel sich neigte, das aufgeregte Wasser ins Boot hineinschwappte. Der Kleinste, der Elfjährige, hatte einen Fuß auf den Bootsrand gesetzt und tat jauchzend seine Schaukelarbeit. Da gab der Älteste dem Zwölfjährigen ein Zeichen, den Kleinen zu schrecken und plötzlich warfen sich beide auf die Bootsseite, wo der Kleine stand, und das Boot neigte sich tief, und dann lag der Jüngste im Wasser und schrie, und ging unter und schlug von unten gegen das Boot, und schrie nicht mehr und pochte nicht mehr und kam auch nicht mehr unter dem Boot hervor, unter dem Boot nicht mehr hervor, nie mehr.

Die beiden Brüder saßen stumm und käsegelb auf den Ruderbänken in der prallen Sonne, ein Fisch schnappte, sprang über das Wasser heraus. Die Wasserringe hatten sich verlaufen, die Binsen standen wieder unbeweglich, die Staunzen summten bös und stachen. Die Brüder ruderten das Boot wieder ans Ufer, trieben den Pfahl mit der Kette wieder in den Uferschlamm, stiegen aus, trabten auf dem langen Steindamm dahin, trabten stadtwärts, wagten nicht, sich anzusehen, liefen hintereinander, achteten der Weiden nicht, die ihnen ins Gesicht schlugen, nicht der Brombeersträucherstacheln, die an ihnen rissen, stolperten über Wurzelschlangen, liefen, liefen, liefen.

Die Altwässer blieben zurück, die grüne Donau kam, breit und behäbig, rauschte der Stadt zu, die ersten Häuser sahen sie, sie sahen den Dom; sie sahen das Dach des Vaterhauses. Sie hielten, schweißüberronnen, zitterten verstört, die Knaben, die Mörder, und dann sagte der Ältere wie immer nach einem Streich: „Zu Hause sagen wir aber nichts davon!“ Der andere nickte, von wilder Hoffnung überwuchert, und sie gingen, entschlossen, ewig zu schweigen, auf die Haustüre zu, die sie wie ein schwarzes Loch verschluckte.

Georg Britting

Es gibt wohl nur wenige Kurzgeschichten in der deutschen Literatur von einer solchen Intensität der Atmosphäre wie die vorliegende von Britting. Diese geradezu unheimliche Atmosphäre zieht den Leser, noch mehr aber den Hörer, vom ersten Satz an in ihren Bann und hält ihn bis zum letzten gefangen. Er kann sich ihr nicht entziehen. Diese atmosphärische Intensität erreicht der Dichter durch seine ungewöhnliche sprachliche Gestaltungskraft, die wir stellenweise auch in seiner Lyrik bewundern können.

Wenn je an einer Kurzgeschichte, so geht den Schülern an dieser in besonderem Maße auf, daß Dichtung Kunst aus Sprache ist und daß diese Kunst nicht nur durch ihren Aussagegehalt, sondern ebensosehr durch den Sprachklang wirkt und Eindrücken aus allen Sinnesgebieten Ausdruck zu verleihen vermag. Vom Lehrer aber fordert diese komprimierte und konzentrierte Sprache ein feines Einfühlungsvermögen in Klang und Rhythmus, wenn er beim Vorlesen ihre Aussagekraft eindringlich gestalten will. Daß er sich dabei jedes Pathos und jeder Forciertheit enthalten muß, braucht wohl nicht betont zu werden.

Es scheint so, als habe der Dichter die von den Schülern nach der Ankündigung der Geschichte mit der Überschrift fast immer zuerst gestellte Frage: „Was ist ‚Altwasser?‘“ geradezu erwartet; denn er beginnt seine Geschichte mit einer Schilderung ihres Schauplatzes und seiner Atmosphäre. Alle Sinnesorgane werden bei dieser Darstellung angesprochen: „grünschwarze Tümpel“ im Gegensatz zum „großen, grünen Strom“. „Grünschwarz schillernd wie das Wasser“ ist auch der Bürstling, der „Fischkönig“ des Altwassers, „ein Raubtier mit zackiger, kratzender Rückenflosse, mit bösen Augen und einem gefräßigen Maul“. Unheildrohend ist das, was uns der Dichter s e h e n läßt, bedrückend die Hitze, die wir empfinden; denn „die Weiden schlucken den Wind“, so daß eine unheimliche Stille herrscht. Am unheimlichsten aber wirkt „ein Geruch wie Fäulnis und Kot und Tod“, der aus dem Schlamm steigt, und es wirkt fast wie Ironie, wenn der Dichter die Schilderung dieses Schauplatzes mit dem Satz abschließt: „Kein besserer Ort ist zu finden für Knabenspiele als dieses gründämmernde Gebiet.“ Welcher Art diese Knabenspiele sind und welcher Art die Jungen, schildert der Dichter im zweiten Abschnitt seiner Geschichte.

„Die drei Hofberger Buben, elfjährig, zwölfjährig, dreizehnjährig, waren damals im August jeden Tag auf den heißen Steindämmen ...“ In einem einzigen Satz führt uns der Dichter die drei Jungen bei ihren wilden Spielen vor Augen, in einem einzigen, rhythmisch stark bewegten Satz, in dem die Verben dominieren: sie *hockten* unter den Weiden, *pflückten* Brombeeren, ... *schlichen* durch das Schilf ..., *schnitten* sich Weidenruten, *rauften*, *schlugen* auch wohl dem Jüngsten ... eine tiefe Schramme, *brachen* schreiend ... zur breitfließenden Donau vor, *wuschen* den blutigen Kopf ... und waren gleich wieder versöhnt“: ungebärdige Raufbolde also. Wie wild und ungebärdig sie sind, veranschaulicht der Dichter durch zwei sprachliche Bilder von ungewöhnlicher

Eindruckskraft: das Gesicht des Jüngsten war „rot beschmiert wie eine Menschenfressermaske" und: sie „brachen wie Hirsche durch Buschwerk und Graben". Wie eine Verschwörungsformel klingen die Worte, mit denen dieser zweite Abschnitt der Geschichte schließt: „Zu Hause sagen wir aber nichts davon."

Unheilträchtig und bedrückend ist auch die Atmosphäre des dritten Abschnitts, der die drei Jungen im Boot in der „grünen Wildnis" auf dem „schwarzen Weiher" zeigt. „Nun waren sie Seeräuber und träumten und brüteten wilde Pläne". Die Zeit scheint stillzustehen, unbeweglich liegt das Boot, unbeweglich steht das Schilf am jenseitigen Ufer. Das einzig Lebendige in dieser Starre sind die Stechmücken, die Staunzen. „Staunzen fuhren leise summend durch die dicke Luft, kleine Blutsauger", aber so wie die abgehärteten Jungen ihre Stiche nicht mehr spüren, so spüren sie auch nichts von dem, was sich in dieser unheimlichen Atmosphäre als Schicksal über ihnen zusammenbraut: der „Brudermord im Altwasser", von dem der Dichter im nächsten Abschnitt erzählt.

„Unbeweglich" war bisher alles in der grünen Wildnis des schwarzen Weihers: der Wasserspiegel, das Schilf, das Boot, die Jungen. Nun aber, wie aus einer Erstarrung erwachend, gerät alles in Bewegung, eines immer als Folge des anderen: „*Der Dreizehnjährige* begann das Boot leicht zu schaukeln. Gleich wiegten sich *die beiden anderen* mit, auf und nieder, *Wasserringe* liefen über den Weiher, *Wellen* schlugen platschend ans Ufer, *die Binsen* schwankten und wackelten. *Die Knaben* schaukelten heftiger, daß *der Bootsrand* bis zum Wasserspiegel sich neigte und *das aufgeregte Wasser* ins Boot hineinschwappte. *Der Kleinste*, der Elfjährige, hatte einen Fuß auf den Bootsrand gesetzt und tat jauchzend seine Schaukelarbeit." Als habe das Schicksal nur darauf gewartet: „Da gab der Älteste dem Zwölfjährigen ein Zeichen, den Kleinen zu schrekken ...", und nun vollzieht sich in Augenblicksschnelle das Furchtbare, das von Anfang an gleichsam in der Luft lag: „und plötzlich warfen sie sich beide auf die Bootsseite, wo der Kleine stand, *und* das Boot neigte sich tief, *und* dann lag der Jüngste im Wasser *und* schrie, *und* ging unter und schlug von unten gegen das Boot, *und* schrie nicht mehr *und* pochte nicht mehr *und* kam auch nicht mehr unter dem Boot hervor, unter dem Boot nicht mehr hervor, nie mehr." In einem einzigen, in mächtigem Crecendo anschwellenden und in einem stockenden Decrescendo verebbenden Satz ist dieses für alle drei Jungen Schicksalentscheidende gestaltet und mit den letzten beiden Worten endgültig besiegelt: „nie mehr".

Nachdem das Furchtbare geschehen, der Jüngste ertrunken ist, sind die beiden Brüder wie erstarrt. Der Schreck hat sie gelähmt. In der Natur aber ist alles wieder wie vorher: „. . . ein Fisch schnappte und sprang über das Wasser heraus. Die Wasserringe hatten sich verlaufen, die Binsen standen wieder unbeweglich, die Staunzen summten bös und stachen." Auch die beiden Brüder erwachen aus ihrer Erstarrung und fliehen vom „Tatort", gehetzt vom Bewußtsein ihrer Schuld, getrieben von ihrem Gewissen. Diese Flucht vor dem Geschehenen hat der Dichter wiederum in einem einzigen, atemlos keuchenden Satz gestaltet: „Die Brüder ruderten das Boot wieder ans Ufer, trieben den Pfahl mit der Kette wieder in den Uferschlamm, stiegen aus, trabten auf dem langen Steindamm dahin, trabten stadtwärts, wagten nicht, sich anzusehen, liefen hintereinander, achteten der Weiden nicht, die ihnen ins Gesicht schlugen, nicht der Brombeersträucherstacheln, die an ihnen rissen, stolperten über Wurzelschlangen, liefen, liefen und liefen" – als könnten sie ihrer Schuld entfliehen.

Erst als sie die ersten Häuser sehen und den Dom und das Dach des Vaterhauses, verhalten sie den Schritt, „schweißüberronnen", und zittern verstört, „die Knaben, die Mörder". Zum erstenmal seit der Überschrift gebraucht der Dichter das Wort, das die Tat der Jungen als „Mord" kennzeichnet. Sie sind schuld am Tode ihres Bruders, gewiß – aber sind sie deshalb schon Mörder? Im juristischen Sinne sicher nicht; denn sie haben ja nicht vorsätzlich gehandelt; der Älteste hat dem Zwölfjährigen lediglich ein Zeichen gegeben, *den Kleinen zu schrekken;* daß der Kleine dabei sein Leben verlor, lag ganz gewiß nicht in ihrer Absicht. Aber das Wort Mörder steht nun da, wird aber erst im folgenden Satz gewissermaßen motiviert, dem Satz, der als einzige wörtliche Rede in der ganzen Geschichte bereits im zweiten Abschnitt als „Verschwörungsformel" auftritt: „Zu Hause sagen wir aber nichts davon!" Jetzt bekommt dieses formelhafte Versprechen, das sich bisher immer nur auf die wilden Knabenspiele bezog, einen geradezu verbrecherischen Charakter. Der Älteste spricht den Satz aus, „der andere nickte, von wilder Hoffnung überwuchert". Worauf bezieht sich diese „wilde Hoffnung"? Doch wohl darauf, daß der wahre Vorgang auf dem schwarzen Weiher für alle und für immer ein Geheimnis bleiben werde. Diese „wilde Hoffnung" überwuchert wie Unkraut das bessere Ich der beiden Jungen, „und sie gingen, entschlossen, ewig zu schweigen, auf die Haustüre zu, die sie *wie ein schwarzes Loch verschluckte*". Sind sie also, wie dieser Vergleich vermuten läßt, für immer dem Bösen verfallen? Wie werden sie ein Leben lang mit ihrer Tat fertig werden? Das sind die Fragen, über die mit den Schülern zu meditieren sich lohnt.

Diese Kurzgeschichte läßt also wesentliche Fragen offen. Endet sie darum aber, wie der letzte Satz vermuten läßt, im Dunkel völliger Hoffnungslosigkeit wie etwa Hemingways „Alter Mann an der Brücke"? Oder läßt der Dichter einen leisen Hoffnungsschimmer aufleuchten? Als die Jungen auf ihrem Heimweg an die „grüne Donau" kommen, die „breit und behäbig" der Stadt zurauscht, fernab von der dämonischen Wildnis des Altwassers, da treten aus den ersten Häusern zwei Gebäude als Sinnbilder der Geborgenheit hervor: der Dom, das Haus Gottes, und das Dach des Vaterhauses. Hier könnten sie den Frieden wiederfinden, wenn sie durch ein freimütiges Bekenntnis ihr Gewissen befreiten. Werden sie es einmal tun, oder werden sie den Dämonen verfallen bleiben? Die Frage bleibt offen; denn der Dichter ist kein Prophet und kann sie selbst nicht beantworten.

So regt auch diese Kurzgeschichte in besonderem Maße zum Nachdenken im wörtlichsten Sinne an, auch wenn (oder gerade weil) sie keine endgültige Antwort gibt, und wir dürfen gewiß sein, daß sie durch ihren Aussagegehalt, ihre Komposition und ihre bannende Sprache die Schüler nicht nur für die kurze Zeit einer Doppelstunde fesseln wird.

Interpretationen zu dieser Kurzgeschichte:

Klaus Diederich: Georg Britting, Brudermord im Altwasser. In: „Der Deutschunterricht", Jg. 1957, Heft 1, S. 91–95.

Klaus Gerth: Die Kurzgeschichte in der Schule. In: „Westermanns Pädagogische Beiträge" Jg. 1962, Heft 11, S. 445 f.

Karl-Heinz Kreter: Georg Britting, Brudermord im Altwasser. In: „Interpretationen zu Erzählungen der Gegenwart" Frankfurt 1964, S. 46–48.

Züge im Nebel

Mir hatte die Sache von Anfang an nicht gefallen. Stanislaus meinte, weil es zweimal gut gegangen war, würde es auch das dritte Mal klappen. Mir leuchtete das nicht ein, aber schließlich ließ ich mich breitschlagen. Hätte ich nein gesagt, wäre mir jetzt wohler, und den Schnaps hier hätte ich verkauft, anstatt ihn selber zu trinken.

Wir fuhren am Abend ziemlich frühzeitig raus, Stanislaus und ich. Die Gegend kennst du bestimmt nicht, und ich will dir auch nicht so genau beschreiben, wo es ist. Jedenfalls stellten wir das Auto bei einem Bauern ab, der ist ein Geschäftsfreund von uns. Ich ließ mir ein paar Spiegeleier braten, und Stanislaus ging noch schnell bei Paula vorbei, die ist Magd nebenan. Dann stolperten wir los. Da muß man schon Bescheid wissen, wenn man sich da nachts zurechtfinden will.

Ich war schlechter Laune und sagte zu Stanislaus, er solle das verdammte Rauchen lassen, das ist doch schon beinahe was wie im Steckbrief ein besonderes Kennzeichen. Aber er kann nicht aufhören damit, er raucht von morgens bis abends und noch länger. Er sagte, ich wäre überhaupt ein Angsthase, und das ärgerte mich. Schließlich steckte ich mir selber eine an.

Wir gingen quer über die Felder zum Bahndamm. Es war ein ekelhafter Nebel da, weil es so nahe am Wasser ist. Die Bahn ist eigentlich zweigleisig, aber wo die Brücke gesprengt war, ist erst ein Gleis wieder rübergelegt. Die Züge fahren hier ganz langsam, und das ist eine prima Stelle zum Aufspringen. Und weil ein paar Kilometer weiter wieder so eine langsame Stelle ist, kommt man auch gut wieder runter. Und das ist für uns natürlich wichtig. Ich habe nämlich gar keine Lust, irgendein Stück von mir auf die Schienen zu legen, wenn grade was drüber rollt.

Übrigens stammt die ganze Idee von mir. Ich war drauf gekommen, als ich selber mal die Strecke fuhr und zum Fenster raussah. So eine Idee ist Gold wert, mein Lieber, aber mich kotzt sie jetzt an.

Wir saßen unten am Bahndamm auf einem Stapel Schwellen und froren jämmerlich. Der Nebel schien noch dicker geworden zu sein. Der einzige Vorteil war, daß man in der nassen Luft die Züge von weither hörte. Der erste kam aus der andern Richtung, den konnten wir nicht brauchen. Der zweite war ein Personenzug. Man hörte ihn noch lange, nachdem er über die Brücke gerumpelt war. Dann war es still. Stanislaus rauchte, und hin und wieder tat ich's auch. Wir gingen ein paar Schritte hin und her, um uns zu erwärmen. Stanislaus erzählte seine oberschlesischen Witze, die ich alle schon kannte. Dann sprachen wir von Gleiwitz und von der Schillerstraße, und das machte uns ein bißchen warm. Auf einmal pfiff in der Ferne eine Lokomotive, und wir machten uns wieder fertig.

Der Güterzug, der jetzt kam, fuhr ziemlich schnell. Ich wußte auch genau, daß da nichts für uns drin war. Ich habe das im Instinkt. Ich winkte Stanislaus ab, aber der war ganz versessen, er schwang sich auf einen Wagen und schrie: „Emil, nimm den nächsten!" oder so was Ähnliches, und dann war er im Nebel verschwunden. So was Dummes! Den Wagen kriegte er bestimmt nie auf. Aber er weiß immer alles besser. Ich ließ den Zug vorbeifahren und wartete weiter. Warten muß man können. Drei in der andern Richtung, und ich ärgerte mich schon, daß heute gar nichts klappte. Die Kälte ging mir immer tiefer, und Stanislaus kam nicht zurück, obwohl mehr als zwei Stunden vergangen waren. Ich blieb auch sitzen, als es wieder pfiff, und erst als die Lokomotive vorbei war und ich sah, daß es ein guter Zug war, kletterte ich auf den Bahndamm. Das Unglück wollte es, daß er sogar hielt. Kann man da widerstehen, wenn man so direkt eingeladen wird? Ich hangelte mich hoch, löste die Plombe, und als wir abfuhren, wußte ich schon genau Bescheid, daß es Medikamente waren. Hier und da waren rote Kreuze drauf und so Apothekerwörter. Ein Paket, wo ich dachte, daß Morphium drin sein könnte, schmiß ich gleich raus. Das war natürlich dumm, weil wir nun auf beiden Flußseiten die Sachen auflesen mußten. Aber das hatte ich mir im Moment nicht überlegt, die Gelegenheit war zu günstig gewesen.

Das andere waren alles größere Kisten, die ich so nicht gebrauchen konnte. Als ich die erste auf hatte, fuhren wir grade über die Brücke. Ich gebe zu, daß der Lokführer trödelte, vielleicht lag es auch an den Signalen, aber ich kann auch sagen, daß ich genau und schnell gearbeitet habe.

Die Kartons, die in der Kiste waren, sah ich mir nicht weiter an. Ich schmiß zwei und noch mal zwei raus, als wir drüben waren. Der Zug hielt schon wieder. Ich guckte raus und überlegte, ob ich absteigen sollte.

Da sehe ich so etwas wie eine dunkle Gestalt neben dem Zug und seh den Lichtpunkt von der Zigarette. Ich rufe: „Stanislaus!" und er kommt rauf, und ich helfe ihm noch. Er knipst gleich seine Taschenlampe an und guckt in die aufgebrochene Kiste, sagt aber keinen Ton. Verdammt noch mal, ich muß in dem Augenblick nicht ganz bei mir gewesen sein, sonst hätte ich doch was gemerkt.

„Nimm deine dämliche Taschenlampe weg!" sag ich zu ihm, weil er mich von unten bis oben anleuchtet und direkt ins Gesicht.

„Ich glaube, wir hören auf", sage ich noch, „mehr können wir gar nicht wegschaffen, bis es wieder hell ist." Und da merke ich auf einmal, was ich für ein Rindvieh bin und daß es einer von der Bahnpolizei ist.

Ich springe gleich raus und er hinterher. Als ich den Bahndamm runter will, stolpere ich. In dem Nebel wäre ich vielleicht trotzdem entwischt, aber da schrie er „Emil, Emil!" hinter mir her, und das machte mich ganz irre. Es war also doch Stanislaus, wie? So was Verrücktes!

Jedenfalls hat er mich auf einmal gepackt, und ich fühle etwas im Rücken, was bestimmt ein Pistolenlauf war. Ich nahm ganz mechanisch die Hände hoch. „Stanislaus?" frage ich noch ganz dumm.

Er durchsuchte mich und nahm mir mein Werkzeug und die Lampe ab. Waffen fand er natürlich nicht, so was nehmen wir nicht mit, unser Handwerk ist friedlich. Dann zog er mir die Brieftasche raus.

„Emil Patoka", sagte er.

„Woher wußten Sie denn vorhin meinen Vornamen?" fragte ich.

„Setz dich hierhin!" Und er schubste mich auf einen Grenzstein. „Ich heiße Gustav Patoka."

Er hätte mich nicht so zu schubsen brauchen, ich hätte mich von alleine hingesetzt, so erschlagen war ich.

„Gustav Patoka, so", sagte ich. Ich kannte nur einen Gustav Patoka, und das war mein Bruder.

„Wo sind die Pakete?" fragte er.

„Ich hab' sie rausgeschmissen."

„Wieviel?"

„Vier", log ich, denn so erschlagen wie ich war, eine Hintertür wollte ich mir doch noch aufhalten. Ich dachte an das erste Paket, und daß es drüben auf der andern Flußseite lag und daß vielleicht Morphium drin war. Morphium ist immer ein gutes Geschäft. Es gibt Leute, von denen kannst du alles dafür kriegen.

Mir war ganz komisch zumute. Da saß ich und war also offenbar festgenommen. Oder nicht? Und der Polizist hieß Gustav Patoka und war mein kleiner Bruder. Da ging er mit langen Schritten auf und ab. Das war so Gustavs Art, wenn er über was Schwieriges nachdachte. Klar, ich war ein schwieriger Fall.

„Der Zug fährt ab", sagte ich, weil ich dachte, er müßte vielleicht mitfahren. Aber er guckte bloß ganz flüchtig hoch, und dann ging er wieder hin und her, eine ganze Weile, daß es mir immer komischer wurde. Inzwischen rollte der Zug vorbei, das Schlußlicht verschwand auch, und man hörte das Geräusch immer leiser in der Ferne. Jetzt waren wir beide ganz allein mitten in dem Nebel. Wo war bloß Stanislaus hingekommen? Ich ärgerte mich, weil er doch eigentlich an allem schuld war. Dieser Idiot, wenn er nicht aufgesprungen wäre, wäre alles ganz anders gekommen.

„Gustav", sagte ich, „wenn du mein Bruder bist, könntest du mir wenigstens die Hand geben, anstatt mich wie einen Verbrecher zu behandeln."

„Was bist du denn sonst?"

„Hör mal, Gustav, ich mache dir einen Vorschlag. Wir arbeiten bisher bloß zu zweit. Wenn du jetzt mitmachen würdest, wie? Ist das keine Idee? Du, ich rede mit meinem Kumpel drüber. Gustav, mach mit! Es lohnt sich! Und du als Polizist, das wäre prima. – Mensch, Mensch –"

Ich wurde ganz aufgeregt, denn das war tatsächlich eine gute Idee. Ich sprang vor Eifer auf und wollte ihn beim Arm packen, aber er stieß mich zurück und sagte: „Halt's Maul!"

Nun ja, er war bei der Polizei, aber er war doch mein Bruder, und einen vernünftigen Vorschlag wird man doch noch machen dürfen. Ich werde ihn schon noch rumkriegen, dachte ich.

„Wie bist du bloß zur Polizei gekommen?"

„Ich fand keine andere Arbeit, und schließlich ist das doch ein anständiger Beruf. Jedenfalls besser als deiner."
Darüber hätte ich natürlich mit ihm streiten können, aber reden ist Silber, schweigen ist Gold.
„Weißt du was von Vater?" fragte ich.
„Ich habe jetzt Nachricht. Er ist im vorigen Jahr gestorben."
„Gestorben?"
„Er war bis zuletzt zu Hause. Ich wollte grade rüberfahren, ihn holen."
Ich mußte ein bißchen schlucken, denn ich hatte meinen Alten immer gerne gehabt.
„Ich hab's mir gedacht", sagte ich, „ich habe mir gedacht, daß ich ihn nicht mehr sehe. Jetzt wäre er grade sechzig. Das ist doch kein Alter zum Sterben. Was hat er denn gehabt?"
„Er ist verhungert."
Mein Alter, dem das Essen immer soviel Spaß machte, verhungert! Das waren ja schöne Nachrichten!
„Du bist ein Gemütsmensch", sagte ich.
Und er antwortete: „Das hab' ich vielleicht von dir so angenommen."
Ich muß dir das erklären, warum er das sagte. Er sagte das, weil ich ihn nämlich erzogen hatte. Da wunderst du dich, aber es ist tatsächlich so. Mutter starb bald nach seiner Geburt. Vater mußte jeden Tag in die Arbeit. Die Nachbarin half aus, aber weil ich schon acht Jahre alt war, mußte ich das meiste machen, wenn ich nicht gerade in der Schule war. Ich hab' ihm die Windeln gewaschen und hab' ihn gewickelt. Bloß an die Brust legen konnte ich ihn nicht. Ich hab' ein bißchen Mama bei ihm gespielt. Später paßte ich auf, daß er sich die Ohren wusch und daß er die Schularbeiten machte. Überhaupt, solange ich zu Hause war, hatte ich mir das so angewöhnt, immer auf ihn aufzupassen. Er lief mir nach wie an der Leine.
Ich sagte: „Ich habe auch nicht gedacht, daß ich dich noch mal sehe."
„Paßt dir wohl nicht?"
Das überhörte ich. „Wo warst du denn die letzten Jahre, wo ich nichts mehr von dir weiß?"
„In Frankreich, dann im Ruhrkessel, dann in Gefangenschaft."
„Da hätten wir uns überall begegnen können."
„Ist jetzt auch noch früh genug. Oder zu spät, wie man's nimmt."
„Red nicht so dusselig!"

„Und du bist also von Beruf Schwarzhändler?"

„Mein Gott, ich verkaufe die Sachen zu den Preisen, wie sie geboten werden. Wie du das nennst, ist mir egal. Außerdem bin ich arbeitslos. Ich bin tatsächlich arbeitslos, ganz ohne Schwindel."

Er glaubte mir das natürlich nicht.

„Und außerdem", sagte er, „bist du ein Räuber und Bandit."

„Ach", sagte ich, „darunter habe ich mir als Junge immer was Großartiges vorgestellt. Da hatten wir doch zu Hause ein Buch, weißt du, das grüne mit dem fettigen Deckel!"

„Ja", sagte er, „in der Schublade, wo die Gabeln lagen. Ich kenne doch das Buch. Der Held der Abruzzen heißt es."

„Siehst du, und das habe ich mindestens zwanzigmal gelesen. Aber daß ich jetzt auch so ein großartiger Räuber wäre, kann ich nicht sagen. Ich habe noch keine jungen Gräfinnen gerettet und keinen verjährten Mord gerächt. Und jetzt sagst du, ich wäre ein Räuber! Nee, Gustav, so großartig ist die Wirklichkeit nicht."

„Du bist ein Räuber und Bandit. Und mein Bruder", gab er mir eins drauf, „und das ist das Schlimmste."

„Das ist eine Gemeinheit von dir, zu sagen, daß das das Schlimmste wäre! Und sieh mal, jeder tut heute irgendwas, was er nicht darf. Wer lebt denn bloß von der Lebensmittelkarte! Jeder schwindelt, jeder betrügt, bloß der eine ein bißchen mehr und der andere ein bißchen weniger."

„Hör mal", sagte Gustav, „da gibt es also, wenn man die Welt richtig ansieht, gar keinen Unterschied zwischen gut und schlecht, zwischen richtig und falsch?"

„Siehst du, jetzt kommst du allmählich dahinter. Das sind alles bloß kleine Unterschiede."

Da kommt er ganz nahe an mich ran und guckt mich an, daß mir angst wird. „Ich will wissen, ob das dein Ernst ist!" Er faßte meine Hände und drückt mir die Knöchel, daß es mir weh tut. „Ich weiß nicht, ob dir noch irgendwas heilig ist und ob du schwören kannst. Aber sag mir beim Andenken unserer verstorbenen Eltern, hörst du, sag mir, daß das dein Ernst ist."

„Natürlich", sage ich, „natürlich ist es mein Ernst!"

Er ließ mich los und ging wieder auf und ab, aber mir kam es vor, als sei er viel ruhiger. Vielleicht wird er jetzt vernünftig, dachte ich, aber ich weiß auch nicht, ich hatte einfach Angst, ganz entsetzliche Angst, und mir war es auch klar, daß noch irgendwas Furchtbares kommen würde.

„So", Gustav blieb plötzlich stehen, „jetzt will ich dir noch was von mir erzählen, was du bestimmt noch nicht gewußt hast. Oder doch? Hast du gewußt, daß du bis vor einer halben Stunde der einzige Mensch warst, auf den ich felsenfest vertraut habe? Bis vor einer halben Stunde, und ganz und gar weg ist es erst seit zwei Minuten."

Mir schlug das Herz bis zum Halse, sage ich dir. Jetzt war es da, das Furchtbare.

„Du warst mein großer Bruder, aber du warst noch viel mehr als das. Du hättest es vielleicht nie erfahren, und ich schäme mich auch schrecklich, lauter so große Worte in den Mund zu nehmen, aber alles, was rein und stark war und fest und sicher und treu und anständig und ehrlich, alles, was gut war, das warst du. Du kannst darüber lachen, jetzt ist es mir egal. In all den Jahren, wo du weg warst, waren die schönsten Tage die, wenn du auf Urlaub kamst. Ich habe immer geheult, wenn du wegfuhrst, ich hatte Angst um dich, wenn du draußen warst. So ein alberner Junge war ich, so ein Kind. Und später, als ich auf einmal selber erwachsen war und mich allein zurechtfinden mußte, da hab' ich mir immer vorgestellt, wie du alles machen würdest, und dann war es richtig. Was würde Emil dazu sagen, was würde Emil hier tun? So habe ich mich bestimmt alle Tage gefragt. Es ist zum Lachen, aber ich glaube, ich verdanke es dir, daß ich bisher ein ganz ordentlicher Mensch geblieben bin, so für meine Begriffe."

„Ach, Gustav", sage ich, „das sind so die Jahre, der Kommiß, der Krieg, kein Zuhause – ich bin so verwildert. Es ist alles Mist."

„Ja, ja, das kann schon sein", sagte er, aber ich merkte, daß er gar nicht hinhörte, es interessierte ihn nicht. Er reichte mir meine Brieftasche wieder hin. „Hier. Und jetzt mußt du gehen."

„Deine Schlosserwerkzeuge behalte ich. Die Pakete läßt du liegen!"

„Gustav, sag mir wenigstens deine Adresse!"

„In zehn Minuten schieße ich ein paarmal. Reg dich nicht weiter auf! Das ist, damit man mir glaubt, daß mir einer durch die Lappen gegangen ist. Aber dann mußt du schon weit sein. Hau ab!"

„Gustav –"

„Hau ab, sag ich dir!"

Er stampfte mit dem Fuß auf. Ich ging.

Der Regen war zu einem feinen Rieselregen geworden, und die nasse Erde klebte mir an den Schuhen. Ich kam schlecht vorwärts. Kurz bevor ich die

Straße erreicht hatte, hörte ich ein paar Schüsse. Es muß drei oder vier Uhr morgens gewesen sein.
Als ich ins Dorf kam, war Stanislaus längst da und saß seit ein paar Stunden im Auto und wartete auf mich – sagte er wenigstens. Er hatte mein erstes Paket gefunden, weil er später mit einem Gegenzug zurückgefahren war und an der alten Stelle abgesprungen. Es war Morphium drin. Stanislaus selber hatte gar nichts. Trotzdem schimpfte er, weil ich so lange geblieben war. Er behauptete, er wäre die Straße hin und her gefahren und hätte gehupt. Ich glaubte ihm das nicht. Er hatte bestimmt mit Paula im Bett gelegen. Ich gönne sie ihm, sie hat einen vorspringenden Eckzahn und mir ist sie zu dick. Aber Stanislaus hatte gar keinen Grund, sich aufzuspielen. Er hatte gar nichts geschafft, und ich hatte auch noch den Kopf hingehalten.
Ich erzählte ihm nichts, sagte nur so unbestimmt, ich wäre zu weit gefahren und hätte mich verlaufen. Er glaubte mir, daß ich müde wäre, und ich setzte mich auf den hinteren Sitz.
Stanislaus steuerte. Der Motor war so laut, daß er nicht hörte, wie ich heulte. Als Kind hatte ich mal Prügel bekommen, weil ich den Sonntagskuchen aufgegessen hatte; aber ich glaube, das war nicht so schlimm gewesen.
Jetzt sitze ich da und habe zu nichts Lust, kannst du das verstehen? Stanislaus drängelt mich, aber ich habe keine Lust. Das Morphium war ein gutes Geschäft. Zuviel will ich auch nicht verdienen, es ist doch mal alles hin.
Aber Gustav, mein Bruder, mein kleiner Bruder! Ich habe nicht gewußt, daß ich für jemanden soviel wert war! Du, das ist schön, oder es muß schön sein, denn ich habe es ja nicht gewußt. Aber bestimmt ist es schrecklich, wenn man es verliert. Ich hab's verloren. Aber Gustav hat noch mehr verloren. Nicht mich, ach, du lieber Gott, das meine ich nicht, ich bin ja nichts wert. Aber oft liege ich nachts wach und denke, er hält es nicht aus, es macht ihn kaputt. Und wer ist schuld, wenn er vor die Hunde geht? Ich, ich, ich, ich, ich. Ob ich wirklich mal so ein Mensch gewesen bin, wie er's gedacht hat? Ach, mein kleiner Bruder, mein kleiner Bruder. –

Günter Eich

Der besonders als Lyriker und Hörspielautor bekannt gewordene Dichter *Günter Eich* veröffentlichte diese Kurzgeschichte im Jahre 1948 in dem Bande „Erzähler der Zeit"[15], einer der ersten Sammlungen deut-

[15] Verlag Schwann. Düsseldorf.

scher Kurzgeschichten nach dem Kriege. Unmittelbar nach dem Kriege, in der Zeit des „schwarzen Marktes", spielt auch die Handlung der „Züge im Nebel". Für den Dichter war es erlebte Gegenwart, und wenn ein Lehrer die Geschichte Anfang der fünfziger Jahre mit seiner Klasse behandelte, so wirkte sie zwar wegen ihrer ungewohnt realistischen Sprache geradezu provozierend auf die Schüler, die Sache aber, von der in ihr die Rede ist, bedurfte keines erläuternden Hinweises. Heute, noch keine zwanzig Jahre später, haben sich die Verhältnisse umgekehrt. Den Schwarzmarkt mit allem Drum und Dran kennen unsere Schüler, wenn überhaupt, nur noch vom Hörensagen, an das derb realistische Deutsch in der modernen Kurzgeschichte aber haben sie sich längst gewöhnt, und es wird von ihnen leicht als ein bewußt angewandtes, dem Inhalt und den handelnden Personen gemäßes Stilmittel erkannt und gewertet.

Der Erzähler der Geschichte, der Schwarzhändler Emil Patoka, ist zugleich ihre Hauptperson. Er erzählt sie einem fiktiven Zuhörer, der zwar nie aus der Anonymität heraustritt, aber dem Leser immer gegenwärtig bleibt, weil er vom Erzähler immer wieder direkt angesprochen wird: „Die Gegend kennst du bestimmt nicht, und ich will dir auch nicht so genau beschreiben, wo es ist ... So eine Idee ist Gold wert, mein Lieber ... Morphium ist immer ein gutes Geschäft. Es gibt Leute, von denen kannst du alles dafür kriegen ... Ich muß dir das erklären, warum er das sagte." u. a. Durch diesen Kunstgriff hält der Dichter im Leser das Bewußtsein der Erzählsituation vom Anfang bis zum Ende der Geschichte wach, ohne daß es je zu einer Verwechslung der Personen kommt, der in der Geschichte selbst angesprochenen mit dem fiktiven Zuhörer.

Dadurch, daß der Dichter die Hauptperson gleichzeitig zur Erzählperson macht, sichert er der Geschichte von vornherein die Glaubwürdigkeit und innere Wahrhaftigkeit; denn im Grunde genommen ist sie ein innerer Monolog, ein einziges Schuldbekenntnis, geboren aus einer tiefen Gewissensnot. Stanislaus, der „Kumpel" des Erzählers, wäre als fiktiver Zuhörer nicht die geeignete Person, dessen Beichte anzuhören;

denn er ist in seine Schuld mit verstrickt. Gerade das Schuldgefühl aber ist es, das Emil Patoka zum Reden zwingt, um sein Gewissen zu erleichtern[16].

Von einer gewissen Bedeutsamkeit sind auch die Namen der beteiligten Personen. Es erscheint einigermaßen verwunderlich, daß die beiden Brüder einen polnischen Familiennamen haben und daß der „Geschäftsfreund“ mit Vornamen Stanislaus heißt (polnischer Nationalheiliger). Daß es sich bei diesen drei Personen um Oberschlesier handelt, die durch den Krieg und die unmittelbare Nachkriegszeit in den Westen Deutschlands verschlagen worden sind, wird an zwei Stellen in der Geschichte angedeutet. Als Emil und Stanislaus auf den Güterzug warten, heißt es: „Stanislaus erzählte seine oberschlesischen Witze, die ich alle schon kannte. Dann sprachen wir von Gleiwitz und von der Schillerstraße, und das machte uns ein bißchen warm.“ Und als die beiden Brüder von ihrem Vater sprechen, erzählt der jüngere: „Ich habe jetzt Nachricht. Er ist im vorigen Jahr gestorben ... Er war bis zuletzt zu Hause. Ich wollte grade rüberfahren, ihn holen“, also über die neuerliche Oder-Neiße-Grenze. – So sind auch scheinbar nebensächliche Bemerkungen des Erzählers bedeutsam für die inneren Zusammenhänge des gesamten Geschehens.

„Züge im Nebel“ heißt der Titel der Geschichte, und im Verlauf des Geschehens wird an mehreren, und zwar sehr bezeichnenden Stellen auf den „ekelhaften Nebel“ hingewiesen, bis es schließlich, als der Zug abgefahren ist, heißt: „Jetzt waren wir beide ganz allein mitten im Nebel.“ Undurchsichtig wie der Nebel über der Landschaft, der sich auch atmosphärisch auswirkt, erscheinen bisher auch die Geschäfte und das Tun der beiden Schwarzhändler. In dem zuletzt zitierten Satz aber wirkt der Nebel zugleich symbolhaft für die innere Beziehungslosigkeit der beiden von ihm eingeschlossenen Brüder.

[16] In zwei anderen Kurzgeschichten unserer Zeit, die zum Kanon der im Unterricht behandelten Dichtungen dieser Gattung gehören, wird das gleiche Gestaltungsmittel aus dem gleichen Erzählanlaß angewandt, in: *Bruno Hampel:* Das mit dem Mais und *Luise Rinser:* Die rote Katze.

Undurchsichtig wie die Überschrift sind auch die ersten Sätze der Geschichte, in denen die Erzählsituation und das Thema angedeutet werden: „Mir hatte die Sache von Anfang an nicht gefallen. Stanislaus meinte, weil es zweimal gut gegangen war, würde es auch das dritte Mal klappen. Mir leuchtete das nicht ein, aber schließlich ließ ich mich breitschlagen. Hätte ich nein gesagt, wäre mir jetzt wohler, und den Schnaps hier hätte ich verkauft, anstatt ihn selber zu trinken."

Um welche Sache handelt es sich denn? Was ist zweimal gut gegangen und soll nun ein drittes Mal riskiert werden? Einigermaßen klar ist in diesen vier Sätzen nur eins: dem Erzähler ist nicht wohl in seiner Haut, und er versucht, seinen Schmerz, seine Enttäuschung – oder was es auch sei – im Schnaps zu ertränken und durch das Erzählen loszuwerden. So zieht die Geschichte den Leser vom ersten Satz an in ihren Bann; denn er identifiziert sich bald mit dem fingierten Zuhörer, mit dem der Erzähler wie mit seinesgleichen spricht, ohne ein Blatt vor den Mund zu nehmen, in der ungeschminkten Sprechweise eines „verwilderten" Menschen. Diese Mundwärme ungehobelten Sprechens und die Kunst des Dichters, die „Sache" sowohl als auch die ganze seelische Not des Erzählers allmählich zu enthüllen und dabei die Spannung bis zum Zerreißen zu steigern („... ich hatte einfach Angst, ganz entsetzliche Angst, und mir war es auch klar, daß noch irgendwas Furchtbares kommen würde ... Jetzt war es da, das Furchtbare") entlassen den Leser nicht aus dem Banne des Erzählten.

Was aber geschieht wirklich in dieser Kurzgeschichte? Zwei Schwarzhändler, Emil und Stanislaus, die bereits zweimal Güterzüge beraubt haben, fahren eines Abends zu einem neuen Raubzuge aus. Ihr Auto stellen sie bei einem Bauern unter, einem „Geschäftsfreund", und „stolpern" dann los über die Felder bis zu der für das Aufspringen besonders geeigneten Stelle am Bahndamm, wo sie den nächsten Güterzug abwarten. Stanislaus springt auf diesen Zug auf, Emil aber wartet mehr als zwei Stunden auf den nächsten. Als dieser kommt und Emil merkt, daß es sich um einen „guten Zug" handelt („Ich habe das im

Instinkt“), klettert er auf den Bahndamm. „Das Unglück wollte es, daß er sogar hielt.“ Das Unglück? Aus der gegenwärtigen Sicht des Erzählers war es nicht nur ein Unglück, sondern das Unglück schlechthin. In der damaligen Situation aber mußte er es als einen besonderen Glücksfall ansehen: „Kann man da widerstehen, wenn man so direkt eingeladen wird?“ Er folgt der „Einladung“, bricht den Wagen auf, wirft ein Paket, in dem er Morphium vermutet, vor der Brücke aus dem Zuge, bricht dann eine größere Kiste auf und wirft daraus zweimal zwei Pakete hinter der Brücke auf den Bahndamm. Damit hat er den wichtigsten Teil seiner Arbeit geleistet: die Beraubung des Zuges. Das Auflesen und Wegschaffen der geraubten Waren muß bis zum Hellwerden geschehen: Arbeiten, die das Licht scheuen; deshalb dürfen auch nicht mehr Pakete hinausgeworfen werden, als bis dahin in Sicherheit gebracht werden können. Weil der Zug gerade wieder hält, überlegt Emil deshalb, ob er aussteigen soll, und sieht hinaus. Mit diesem Blick aus dem Güterwagen hinaus in den Nebel nimmt für ihn das Verhängnis seinen unaufhaltsamen Lauf: „Da sehe ich so etwas wie eine dunkle Gestalt neben dem Zug und seh den Lichtpunkt von der Zigarette.“

Es kann also nur Stanislaus sein, bei dem „das verdammte Rauchen ... schon beinahe was wie im Steckbrief ein besonderes Kennzeichen“ ist. (Als die beiden am Bahndamm warteten, hatte Emil Stanislaus das Rauchen verboten und bei dieser Gelegenheit auf die Leidenschaft seines „Kumpels“ ausdrücklich hingewiesen.) Er nimmt also den „Lichtpunkt von der Zigarette“ für das besondere Kennzeichen und ruft Stanislaus mit Namen. Der andere „kommt rauf, und ich helfe ihm noch“. Da er gleich seine Taschenlampe anknipst, ohne einen Ton zu sagen, merkt Emil seinen Irrtum immer noch nicht. Erst in der Rückerinnerung wird ihm alles klar: „Verdammt noch mal, ich muß in dem Augenblick nicht ganz bei mir gewesen sein, sonst hätte ich doch was gemerkt.“ So aber gibt er dem anderen sogar noch einen Hinweis, der zugleich ein Eingeständnis seiner verbrecherischen Tat ist: „Ich glaube, wir hören auf, mehr können wir gar nicht wegschaffen, bevor es wieder hell ist.“ Und als seien mit diesem Wort das Dunkel und der Nebel mit einem Male zerrissen: plötzlich erkennt er, daß er gar nicht seinem „Kumpel" Stanislaus in den Wagen geholfen hat, sondern – Ironie des Schicksals – einem von der Bahnpolizei. Seine natürliche Reaktion, als er den Irrtum erkennt: er springt aus dem Wagen, um im Nebel zu entkommen. Als er aber zweimal mit seinem Vornamen angerufen wird, da wird er ganz irre. Ist es also doch Stanislaus? Aber da wird er plötzlich gepackt, und der Pistolenlauf, den er in seinem Rücken spürt, beraubt ihn jeder Illusion. Er wird durchsucht, Werkzeug und Taschenlampe und die Brieftasche mit den Papieren werden ihm abgenommen, und gleichsam als Bestätigung dessen, was er bereits erkannt hat, als er ihn von oben bis unten mit der Taschenlampe anleuchtete, liest der Polizist den Namen des Festgenommenen aus dessen Personalausweis: „Emil Patoka." Dessen erstaunte Frage: „Woher wußten Sie denn vorhin meinen Vornamen?" erscheint nur zu berechtigt und beweist, daß er noch völlig ahnungslos ist. Erst als ihm der Polizist den eigenen Namen nennt, wird ihm mit einem Schlage die Situation klar: Der Bahnpolizist, der ihn festgenommen hat, ist sein Bruder Gustav. Da sitzt er nun auf einem „Grenzstein", auf den dieser ihn „geschubst" hat, und ahnt noch nicht, daß er zum Grenzstein für sein ganzes künftiges Leben werden wird; denn sonst hätte er wohl nicht versucht, das nach seiner Ansicht Beste aus der augenblicklichen Situation zu machen: seinen Bruder als „Geschäftsteilhaber" zu gewinnen. So vernarrt ist er in seine „gute Idee", daß ihm gar nicht bewußt wird, welchen Grad sittlicher Verwilderung er damit seinem Bruder verraten hat. Dieser aber lehnt den „vernünftigen Vorschlag" so eindeutig ab und stößt den Bruder auf den Grenzstein zurück, von dem er aufgesprungen ist, daß er zunächst von seinem Vorhaben abläßt, insgeheim aber hofft, ihn „schon noch rumzukriegen".

In dem sich nun entspinnenden Gespräch zwischen den beiden Brüdern, das stellenweise mehr einem Verhör gleicht, leuchten wichtige Momente ihres gemeinsamen Lebens im Elternhause auf, ebenso sehr aber tritt der Gegensatz der beiden Brüder in ihrer augenblicklichen Lebensauffassung immer stärker hervor. Der jüngere sagt dem älteren zweimal unverblümt, daß er ihn für einen Räuber und Banditen halte: „Du bist ein Räuber und Bandit. Und mein Bruder … und das ist das Schlimmste." Mit dieser vom Älteren als persönliche Beleidigung aufgefaßten Bemerkung provoziert er ihn geradezu, Farbe zu bekennen und immer mehr von seiner Lebensanschauung zu enthüllen, bis ihm der Bruder schließlich die Frage stellt: „… da gibt es also, wenn man die Welt richtig ansieht, gar keinen Unterschied zwischen gut und schlecht, zwischen richtig und falsch?" Seine Antwort: „Das sind alles bloß kleine Unterschiede" wird für ihn schicksalentscheidend; denn die Wirkung dieser Worte auf den Bruder ist so ungewöhnlich, daß er Angst bekommt, „ganz entsetzliche Angst", und daß ihm klar wird, „daß noch irgendwas Furchtbares kommen würde". Dieses Furchtbare, der Höhepunkt und zugleich der Wendepunkt der ganzen Geschichte, ist das Geständnis des Bruders: „Hast du gewußt, daß du bis vor einer halben Stunde der einzige Mensch warst, auf den ich felsenfest vertraut habe? Bis vor einer halben Stunde, und ganz und gar weg ist es erst seit zwei Minuten", seit er „beim Andenken der verstorbenen Eltern" seinem Bruder versichert hat, daß „alles bloß kleine Unterschiede" sind, daß es für ihn also keine absolut gültigen sittlichen Wertmaßstäbe gibt. Das Geständnis des Jüngeren, das aus tiefer seelischer Erschütterung geboren und mit bewegenden Worten vorgetragen wird, deretwegen er sich „schrecklich schämt", enthüllt dem jetzigen Schwarzhändler zum erstenmal, was er einmal für seinen Bruder gewesen ist und was dieser nunmehr endgültig verloren hat: das Idealbild eines guten Menschen, das für ihn zum Leitbild für sein eigenes Leben wurde: „Es ist zum Lachen, aber ich glaube, ich verdanke es dir, wenn ich bisher ein ganz ordentlicher Mensch geblieben bin." Dieser sittlichen Lebensgrundlage ist er nun beraubt, und der verzweifelte Ausruf seines Bruders: „Ach Gustav, … das sind so die Jahre, der Kommiß, der Krieg, kein Zuhause – ich bin so verwildert. Es ist alles Mist" berührt ihn anscheinend nicht mehr. Jetzt ist er wieder ganz Dienst, das Private ist ausgeschaltet, und das letzte Wort, das er an seinen Bruder richtet, zeigt eindeutig, daß ihre Wege nunmehr endgültig auseinandergehen: „Hau ab, sag ich dir!"

Die Brüder trennen sich also; Emil kehrt ins Dorf zurück, wo Stanislaus schon seit Stunden im Auto auf ihn wartet. Emil verschweigt ihm die Begegnung mit seinem Bruder und setzt sich auf den Rücksitz, um mit seinem Erlebnis allein zu sein. Er kommt sich vor wie ein geprügeltes Kind und heult. Damit löst sich etwas in seinem Innern, das seit Jahren verhärtet war, und er fühlt, daß er an seinem Bruder schuldig geworden ist. Dieses Schuldgefühl wird so stark, daß er sich jemandem anvertrauen, ein Schuldbekenntnis ablegen muß, das mehr ist als die Erzählung eines schicksalentscheidenden Erlebnisses. Es ist die Beichte eines sittlich verwilderten Menschen, eine Absage an sein bisheriges Leben und ein Bekenntnis zur Welt der Werte, wenn auch noch so verschlüsselt ausgedrückt. So besteht die Hoffnung, daß er wieder ein ordentlicher Mensch werden wird. Die Geschichte geht ins Offene aus und endet nicht im Dunkel der Hoffnungslosigkeit. Auch Züge im Nebel gelangen einmal an ihr Ziel.

Diese Kurzgeschichte ist wegen ihres hohen ethischen Gehalts und ihrer dichterischen Qualität in besonderem Maße für den Unterricht geeignet. Allerdings sollte sie wegen ihrer Struktur, die in ihrer Bedeutsamkeit nicht so leicht zu erfassen ist, den Schülern nicht vor dem neunten, am besten erst im zehnten Schuljahr geboten werden. Zudem liegt die Zeit, in der sie spielt – eine Übergangszeit mit ihrer Relativierung aller Werte –, für unsere Schüler so weit zurück, daß sie keine persönlichen Beziehungen dazu haben, und schließlich ist es die umfangreichste aller in diesem Bande betrachteten Kurzgeschichten.

Diese Fakten machen auch eine eingehende Überlegung des methodischen Weges erforderlich, der bei ihrer Behandlung im Unterricht gewählt werden soll. Zwei Wege bieten sich an. Welcher der gangbarere ist, muß der Lehrer selbst entscheiden; denn einmal kennt er allein die literarische Begabung seiner Klasse und weiß, was er ihr zumuten kann, zum anderen wird seine Wahl auch davon beeinflußt werden, ob seine Schüler bisher genügend moderne Kurzgeschichten kennengelernt haben, um die vorliegende in ihrer spezifischen Eigenart hinsichtlich ihrer dichterischen Aussage und ihrer sprachlichen Gestaltung zu erfassen und als literarisches Kunstwerk zu würdigen. Daß die Schüler vom ersten bis zum letzten Satz von ihr gefesselt werden, hat eine langjährige Erfahrung bewiesen.

Von der Überschrift auszugehen und von ihr auf den Inhalt schließen zu lassen, um das Interesse der Schüler zu wecken und sie so an die Geschichte heranzuführen, wäre wenig erfolgversprechend; denn dazu ist die Überschrift buchstäblich zu nebulos. – Oder soll der Lehrer, um die Zeitverhältnisse der Geschichte von vornherein zu klären und so den Schülern das Verständnis der Handlung zu erleichtern, der Darbietung der Geschichte eine Charakterisierung der unmittelbaren Nachkriegszeit vorausschicken, etwa unter den Gesichtspunkten Hunger, Schwarzmarkt, Diebstahl, Raub, Demoralisierung weiter Teile der Gesellschaft? Dadurch würde er zwar die sachlichen und psychologischen Zusammenhänge der Geschichte von vornherein klären helfen, aber würde es nicht gleichzeitig eine Vorwegnahme dessen bedeuten, was als eine Hauptaufgabe bei der unterrichtlichen Behandlung von Kurzgeschichten angesehen werden muß: die Erschließung des Sinngehalts aus der Sprachgestalt? Und noch eins ist zu bedenken. Soll der Lehrer den Schülern die Geschichte vorlesen? Läuft er bei ihrer Länge (Lesedauer 20 Min.) nicht Gefahr, in Zeitnot zu geraten?

Das Vorlesen der Geschichte bietet allerdings den Vorteil, daß die Schüler schon mit dem ersten Satz in ihren Bann geraten und bis zum Schluß von ihr gefesselt werden. Ausgangspunkt des Unterrichtsgesprächs wäre dann also der E i n d r u c k, den die Geschichte auf die Schüler gemacht hat (vgl. S. 22). Es empfiehlt sich, zunächst nur kurz auf die Fragen und Anmerkungen der Schüler einzugehen, um die Geschichte anschließend abschnittsweise still nachlesen und ihre Struktur herausarbeiten zu lassen:

1. Die Erzählsituation: Wer ist der Erzähler und wer der Zuhörer?
2. Emil und Stanislaus bereiten den dritten Bahnraub vor. Am Bahndamm

3. Der erste und der zweite Güterzug
4. Die Begegnung der beiden Brüder
5. Ihr Gespräch im Nebel: Erinnerungen an zu Hause, das Geständnis des jüngeren Bruders, die Trennung der beiden Brüder
6. Die Heimfahrt
7. Die Nachwirkung der Begegnung auf den Erzähler

Bei diesem Unterrichtsgespräch werden alle sachlichen Fragen geklärt, die Stilmittel des Dichters als solche erörtert und begründet, und als Zusammenfassung wird der dichterische Kern der Geschichte herausgeschält. Dazu reicht bei zielstrebigem Arbeiten eine Doppelstunde gerade aus. Damit aber sollte es der Lehrer nicht bewenden lassen. Vielmehr sollte er die Schüler anregen, die Geschichte zu Hause noch einmal in aller Ruhe durchzulesen und sich stichwortartig zu notieren, was ihnen vielleicht noch unklar geblieben war oder was ihnen erst nachträglich aufgegangen ist. Die Erfahrung lehrt immer wieder, daß solche „Nachbesinnungen“ in starkem Maße vertiefend wirken.

Der andere methodische Weg, den man für die Vermittlung dieser Geschichte wählen kann, ist der, sie den Schülern zur häuslichen Lektüre aufzugeben. Dabei wird ihre emotionale Wirkung zwar geringer sein als beim gespannten, konzentrierten Zuhören, dafür aber hat der Lehrer die Möglichkeit, die Schüler zu einem vertieften Lesen zu veranlassen, indem er ihnen einige Fragen als Leseaufgaben stellt, deren schriftliche Beantwortung in Stichwörtern dann den Ausgangspunkt für das Unterrichtsgespräch bilden kann. Solche Fragen sind:

1. Wer erzählt diese Geschichte? 2. Wem erzählt er sie? 3. Wann spielt die Geschichte? 4. Wo spielt sie? 5. Welche Personen treten auf? 6. Welches ist das wichtigste Ereignis? 7. Was wird aus dem Erzähler der Geschichte?

Durch die Beantwortung dieser Fragen werden die Schüler veranlaßt, sich Gedanken über die Geschichte zu machen, so daß das Unterrichtsgespräch in der Schule rasch in Gang kommt, was wiederum zu vertieften Einsichten führt und den Schülern Wertmaßstäbe für die Beurteilung von Kurzgeschichten vermittelt.

Welchen der beiden vorgeschlagenen Wege der Lehrer wählt, wird nicht zuletzt auch von seinen eigenen Erfahrungen abhängen, die er mit Kurzgeschichten im Unterricht gemacht hat.

Interpretationen zu dieser Kurzgeschichte:

„Interpretationen zu Erzählungen der Gegenwart". Frankfurt a. M. 1964, S. 55–57.

W. *Zimmermann:* Deutsche Prosadichtungen unseres Jahrhunderts. Teil II. (Neufassung) Düsseldorf 1967.

6. *Humor*

DAS FENSTER-THEATER

Die Frau lehnte am Fenster und sah hinüber. Der Wind trieb in leichten Stößen vom Fluß herauf und brachte nichts Neues. Die Frau hatte den starren Blick neugieriger Leute, die unersättlich sind. Es hatte ihr noch niemand den Gefallen getan, vor ihrem Haus niedergefahren zu werden. Außerdem wohnte sie im vorletzten Stock, die Straße lag zu tief unten. Der Lärm rauschte nur mehr leicht herauf. Alles lag zu tief unten. Als sie sich eben vom Fenster abwenden wollte, bemerkte sie, daß der Alte gegenüber Licht angedreht hatte. Da es noch ganz hell war, blieb dieses Licht für sich und machte den merkwürdigen Eindruck, den aufflammende Straßenlaternen unter der Sonne machen. Als hätte einer an seinen Fenstern die Kerzen angesteckt, noch ehe die Prozession die Kirche verlassen hat. Die Frau blieb am Fenster.

Der Alte öffnete und blickte herüber. Meint er mich? dachte die Frau. Die Wohnung über ihr stand leer, und unterhalb lag eine Werkstatt, die um diese

Zeit schon geschlossen war. Sie bewegte leicht den Kopf. Der Alte nickte wieder. Er griff sich an die Stirne, entdeckte, daß er keinen Hut aufhatte, und verschwand im Innern des Zimmers.

Gleich darauf kam er in Hut und Mantel wieder. Er zog den Hut und lächelte. Dann nahm er ein weißes Tuch aus der Tasche und begann zu winken. Erst leicht und dann immer eifriger. Er hing über der Brüstung, daß man Angst bekam, er würde vornüberfallen. Die Frau trat einen Schritt zurück, aber das schien ihn nur zu bestärken. Er ließ das Tuch fallen, löste seinen Schal vom Hals – einen großen bunten Schal – und ließ ihn aus dem Fenster wehen. Dazu lächelte er. Und als sie noch einen weiteren Schritt zurücktrat, warf er den Hut mit einer heftigen Bewegung ab und wand den Schal wie einen Turban um seinen Kopf. Dann kreuzte er die Arme über der Brust und verneigte sich. Sooft er aufsah, kniff er das linke Auge zu, als herrsche zwischen ihnen ein geheimes Einverständnis. Das bereitete ihr so lange Vergnügen, bis sie plötzlich nur mehr seine Beine in dünnen, geflickten Samthosen in die Luft ragen sah. Er stand auf dem Kopf. Als sein Gesicht gerötet, erhitzt und freundlich wieder auftauchte, hatte sie schon die Polizei verständigt.

Und während er, in ein Leintuch gehüllt, abwechselnd an beiden Fenstern erschien, unterschied sie schon drei Gassen weiter über dem Geklingel der Straßenbahnen und dem gedämpften Lärm der Stadt das Hupen des Überfallautos. Denn ihre Erklärung hatte nicht sehr klar und ihre Stimme erregt geklungen. Der alte Mann lachte jetzt, so daß sich sein Gesicht in tiefe Falten legte, streifte dann mit einer vagen Gebärde darüber, wurde ernst, schien das Lachen eine Sekunde lang in der hohlen Hand zu halten und warf es dann hinüber. Erst als der Wagen schon um die Ecke bog, gelang es der Frau, sich von seinem Anblick loszureißen.

Sie kam atemlos unten an. Eine Menschenmenge hatte sich um den Polizeiwagen gesammelt. Die Polizisten waren abgesprungen, und die Menge kam hinter ihnen und der Frau her. Sobald man die Leute zu verscheuchen suchte, erklärten sie einstimmig, in diesem Hause zu wohnen. Einige davon kamen bis zum letzten Stock mit. Von den Stufen beobachteten sie, wie die Männer, nachdem ihr Klopfen vergeblich blieb, und die Glocke allem Anschein nach nicht funktionierte, die Tür aufbrachen. Sie arbeiteten schnell und mit einer Sicherheit, von der jeder Einbrecher lernen konnte. Auch in dem Vorraum, dessen Fenster auf den Hof sahen, zögerten sie nicht eine Sekunde. Zwei von ihnen zogen die Stiefel aus und schlichen um die Ecke. Es war inzwischen

finster geworden. Sie stießen an einen Kleiderständer, gewahrten den Lichtschein am Ende des schmalen Ganges und gingen ihm nach. Die Frau schlich hinter ihnen her.
Als die Tür aufflog, stand der alte Mann mit dem Rücken zu ihnen gewandt noch immer am Fenster. Er hielt ein großes weißes Kissen auf dem Kopf, das er immer wieder abnahm, als bedeutete er jemandem, daß er schlafen wolle. Den Teppich, den er vom Boden genommen hatte, trug er um die Schultern. Da er schwerhörig war, wandte er sich auch nicht um, als die Männer schon knapp hinter ihm standen und die Frau über ihn hinweg in ihr eigenes finsteres Fenster sah.
Die Werkstatt unterhalb war, wie sie angenommen hatte, geschlossen. Aber in die Wohnung oberhalb mußte eine neue Partei eingezogen sein. An eines der erleuchteten Fenster war ein Gitterbett geschoben, in dem aufrecht ein kleiner Knabe stand. Auch er trug sein Kissen auf dem Kopf und die Bettdecke um die Schultern. Er sprang und winkte herüber und krähte vor Jubel. Er lachte, strich mit der Hand über das Gesicht, wurde ernst und schien das Lachen eine Sekunde lang in der hohlen Hand zu halten. Dann warf er es mit aller Kraft den Wachleuten ins Gesicht.

Ilse Aichinger

Die Zahl der für die Schule geeigneten humorvollen Kurzgeschichten ist gering. Und selbst bei diesen wenigen tritt der Humor nur in den seltensten Fällen ganz rein zutage. Es handelt sich eher um „Scherz, Satire, Ironie und tiefere Bedeutung“. Diese wiederum, besonders die letzte, in ihrer jeweils situationsbedingten Eigenart zu erfassen, bedarf es einer bestimmten geistigen Reife der Schüler und ihrer Aufgeschlossenheit für das Hintergründige, die vor dem 9. Schuljahr kaum erwartet werden kann.
Zu dieser Art von hintergründigen Geschichten gehört auch „Das Fenster-Theater“, das von der Dichterin mit starker innerer Spannung erzählt wird, die sich erst im letzten Satz in einem befreienden Lachen löst.
Während die Geschichte vorgelesen wird, wissen die Schüler eigentlich nie so recht, ob sie bei einzelnen Passagen lachen oder ernst bleiben sollen, weil sie das Spiel zunächst nicht durchschauen.

Im ersten Abschnitt baut die Dichterin gleichsam die Kulissen, die Szenerie für das Fenster-Theater auf und charakterisiert die Zuschauerin des Spiels: „Die Frau hatte den starren Blick neugieriger Leute, die unersättlich sind." Da sie aber im vorletzten Stock wohnt, liegt die Straße „zu tief unten", als daß ihre Neugier auf ihre Kosten kommen könnte; denn der Wind, der in leichten Stößen vom Fluß herauf trieb, „brachte nichts Neues". Als aber der Alte in seinem Zimmer auf der Straßenseite gegenüber das Licht anknipst, obwohl es noch ganz hell ist, da wird ihre Neugier geweckt, und die Frau bleibt am Fenster in der Hoffnung, daß vielleicht doch etwas geschieht.

Und es geschieht wirklich etwas: der Alte öffnet das Fenster und nickt herüber. Der Kontakt ist hergestellt, wenn auch bei der Frau noch Zweifel bestehen: „Meint er mich?" Auf ihr leises Kopfnicken antwortet er mit einem nochmaligen Lächeln. Und nun beginnt er als Akteur im Fenster-Theater sein pantomimisches Spiel: Herübergrüßen durch Ziehen des Hutes, Winken mit dem Taschentuch, Herauslehnen aus dem Fenster, Winken mit dem Schal, Winden des Schals um den Kopf wie einen Turban, Kreuzen der Arme über der Brust und Sichverneigen wie zum arabischen Salam-alaikum-Gruß, Augenkneifen als Zeichen geheimen Einverständnisses und schließlich gar Kopfstand. War die Frau vorher schon, bei dem eifrigen Winken des Alten, zweimal einen Schritt zurückgetreten, gleichsam um die Distanz zwischen Akteur und Zuschauerin zu vergrößern, so wird es ihr bei dem Kopfstand des Alten zur Gewißheit, daß er „übergeschnappt" ist, und sie verständigt erregt die Polizei.

Während diese im Überfallauto angefahren kommt, schaut die Frau, immer noch gefesselt, zu den erleuchteten Fenstern des Alten hinüber, der sich, nun in ein Leintuch gehüllt wie ein Gespenst, abwechselnd an dem einen und dem andern zeigt und schließlich sein Lachen, gleichsam aus der hohlen Hand, über die Straße herüberwirft.

Die Frau aber rennt auf die Straße und schleicht hinter den Polizisten her in das Gebäude auf der Straßenseite gegenüber, in dessen oberem

Stockwerk der Alte sein Fenster-Theater gespielt hat. Weil ihnen nicht geöffnet wird, brechen die Polizisten die Tür auf, und nun genießt die Frau das Fenster-Theater aus der anderen Sicht, gleichsam von der Kulisse her.

Der Blick aus dem Fenster über den Alten hinweg bringt ihr des Rätsels Lösung: Das Fenster-Theater des Alten war gar nicht für sie als Zuschauerin gedacht, sondern für den kleinen Jungen in der Wohnung über ihr, den sie nun bei seinem „Gegenspiel" im Gitterbettchen beobachten kann. Was der Alte ihm vorgemacht hat, das macht er ihm jetzt nach, und – bezeichnenderweise – die Dichterin erzählt das Gegenspiel des Jungen fast mit den gleichen Worten wie das Spiel des Alten.

Mit keinem Wort aber erwähnt die Dichterin die Reaktion der neugierigen Frau auf die Enthüllung des „Geheimnisses". Gerade hier aber beginnen die Schüler in den meisten Fällen mit der Deutung der Geschichte, mit dem, was über sie hinaus weist und zum „Nach"denken anregt. Was mag die Frau wohl gedacht haben, als ihr des Rätsels Lösung vorgespielt wurde? Ob sie sich geschämt hat wegen des Theaters, bei dem sie selbst mitgespielt hat? Eigentlich habe sie sich durch ihre Neugier zu einer lächerlichen Rolle bewegen lassen, indem sie Dinge auf sich bezog, die sie gar nichts angingen.

Das zusammenfassende Urteil der Schüler über die Geschichte ist zumeist dieses: Es handele sich hier um eine spannende, heitere und überraschende Geschichte von einer Frau, die aus Neugier einem Mißverständnis anheimfällt. Der ironisch-satirische Unterton wird von Vierzehn- und Fünfzehnjährigen in der Regel noch nicht wahrgenommen.

Literatur
zur modernen Kurzgeschichte

Brübach, Karl, u. a.: Interpretationen zu Erzählungen der Gegenwart. Frankfurt a. M. 1964.

Doderer, Klaus: Die Kurzgeschichte in Deutschland (Diss. Marburg). Wiesbaden 1953, 3. Aufl. 1970.

Ders.: Kurzgeschichte und short story. In: Lexikon der Weltliteratur im 20. Jahrhundert. 2. Bd., Sp. 93–97. Freiburg 1961.

Essen, Erika: Methodik des Deutschunterrichts. Heidelberg ^{3}1962.

Helmers, Hermann: Moderne Dichtung im Unterricht. Braunschweig 1972.

Helmich, Wilhelm: Wege zur Prosadichtung des 20. Jahrhunderts. Braunschweig 1960.

Kitzinger, Erwin, u. a.: Interpretationen moderner Prosa. Frankfurt a. M. 1955.

Klein, Johannes: Geschichte der deutschen Novelle. Wiesbaden ^{3}1956.

Lehmann, Jakob, u. a.: Interpretationen moderner Kurzgeschichten. Frankfurt a. M. 1956.

Nentwig, Paul: Dichtung im Unterricht. Braunschweig ^{3}1966.

Pielow, Winfried: Dichtung und Didaktik. Kamps pädagogische Taschenbücher Nr. 16. Bochum 1963.

Piontek, Heinz: Buchstab Zauberstab. Über Dichter und Dichtung. Eßlingen 1959.

Zimmermann, Werner: Deutsche Prosadichtungen unseres Jahrhunderts, Teil II (Neufassung). Düsseldorf 1967.

Einzelaufsätze:

Bender, Hans: Ortsbestimmung der Kurzgeschichte. In: „Akzente“ 3/1962. S. 205 ff.

Doderer, Klaus: Die Kurzgeschichte als literarische Form. In: „Wirkendes Wort“ Jg. 1957/58, Heft 2, S. 90.

Gerth, Klaus: Die Kurzgeschichte in der Schule. In: „Westermanns Pädagogische Beiträge“ 11/1962, S. 437–447.
Ders.: Kritik der Kritik. Zur Kurzgeschichte in der Schule. In: „Westermanns Pädagogische Beiträge“ 7/1963, S. 298–301.

Hajek, Siegfried: Die moderne Kurzgeschichte im Unterricht. In: „Der Deutschunterricht“ 1/1955, S. 5–12.

Höllerer, Walter: Die kurze Form der Prosa. In: „Akzente“ 3/1962, S. 226–245.

Kölln, Hermann: Literarische Formenanalyse in der Volksschule? In: „Westermanns Pädagogische Beiträge“ 3/1963, S. 108–112.

Lorbe, Ruth: Die deutsche Kurzgeschichte in der Jahrhundertmitte. In: „Der Deutschunterricht“ 1/1957, S. 36–54.

Motekat, Helmut: Gedanken zur Kurzgeschichte. In: „Der Deutschunterricht“ 1/1957, S. 20–35.

Pongs, Hermann: Die Anekdote als Kunstform zwischen Kalendergeschichte und Kurzgeschichte. In: „Der Deutschunterricht“ 1/1957, S. 5–20.

Schnurre, Wolf-Dietrich: Kritik und Waffe. Zur Problematik der Kurzgeschichte. In: „Deutsche Rundschau“ Januar 1961, S. 61–66.

Ulshöfer, Robert: Die Wirklichkeitsauffassung in der modernen Prosadichtung. In: „Der Deutschunterricht“ 1/1955, S. 13–40.
Ders.: Unterrichtliche Probleme bei der Arbeit mit der Kurzgeschichte. In: „Der Deutschunterricht“ 6/1958, S. 5–35.

Unseld, Siegfried: An diesem Dienstag. Unvorgreifliche Gedanken über die Kurzgeschichte. In: „Akzente" 2/1955, S. 139–148.

Weber, Konrad: Günter Weisenborn: Zwei Männer – Interpretation und didaktisch-methodische Erschließung einer modernen Kurzgeschichte. In: „Neue Wege" 2/1967, S. 59–70.

Textquellen

AICHINGER, ILSE, geb. 1921 in Wien. *Das Fenstertheater.*
Der Gefesselte. Erzählungen. S. Fischer Verlag, Frankfurt/Main 1954.

ANDRES, STEFAN, geb. 1906 in Breitwies b. Trier. *Die beinah verhinderte Weihnacht.*
Positano – Geschichten aus einer Stadt am Meer. R. Piper & Co. Verlag, München.

BENDER, HANS, geb. 1919 in Mülhausen bei Heidelberg. *Die Wölfe kommen zurück.*
Wölfe und Tauben. C. Hanser Verlag, München 1957. Neue Fassung in: Mit dem Postschiff. München 1962. Einmalige Sonderausgabe, Bd. 95 der „Bücher der Neunzehn".

BORCHERT, WOLFGANG, geb. 1921 in Hamburg – gest. 1947 in Basel. *Die Küchenuhr.*
Das Gesamtwerk. Rowohlt Verlag, Hamburg 1949.
Das Holz für morgen. Die traurigen Geranien und andere Geschichten aus dem Nachlaß. Rowohlt Verlag, Hamburg 1962.

BRITTING, GEORG, geb. 1891 bei Regensburg – gest. 1967 in München. *Brudermord im Altwasser.*
Brudermord im Altwasser.
Erzählungen 1920–1936. Nymphenburger Verlagshandlung, München 1958.

EICH, GÜNTER, geb. 1907 in Lebus a. d. Oder. *Züge im Nebel.*
Erzähler der Zeit. Verlag L. Schwann, Düsseldorf 1948.

HARG, WILLIAM M., Unbekannter amerikanischer Amateurschriftsteller. *Er rettete Senters Leben.*
Bei einem Preisausschreiben der amerikanischen „Rocky Mountain Review" für die beste lebenswahre Kurzgeschichte fiel die Wahl auf diese Erzählung. (Übersetzt von Kurt Wagenseil.)

HEMINGWAY, ERNEST, geb. 1898 in Oak Park, Illinois – gest. 1961 in Ketschum, Idaho. *Alter Mann an der Brücke.*
49 Stories. Rowohlt Verlag, Hamburg 1954.

JUNGE, ERICH, geb. 1919 in Magdeburg. *Der Sieger.*
Westermanns Monatshefte 1958 Nr. 5.

LANGGÄSSER, ELISABETH, geb. 1899 in Alzey, Rheinhessen – gest. 1950 in Rheinzabern. *Saisonbeginn.*
Der Torso. Claassen Verlag, Hamburg 1947.

PIONTEK, HEINZ, geb. 1925 in Kreuzberg, Oberschles. *Erde unter dem Schnee.*
Vor Augen. Bechtle Verlag, Eßlingen 1955.

REDING, JOSEF, geb. 1929 in Castrop-Rauxel. *Die Bulldozzer kamen ...*
Wer betet für Judas? Paulus-Verlag, Recklinghausen 1959.

WEISENBORN, GÜNTHER, geb. 1902 in Velbert i. Rheinland. *Zwei Männer.*
Tausend Gramm. Hrsg. von Wolfgang Weyrauch. Rowohlt Verlag, Hamburg.

DIE ABSCHNITTE I, II UND III
dieses Taschenbuches hat Paul Nentwig zum ersten Male in der von ihm herausgegebenen 7. Auflage des Buches von
WALTHER SEIDEMANN, *Der Deutschunterricht als innere Sprachbildung* (Verlag Quelle & Meyer, Heidelberg 1965) veröffentlicht. Dem Verlag Quelle & Meyer sei für die Erlaubnis des Nachdrucks besonders gedankt.

Verlagsprogramm

Baumgärtel (Hrsg.)
Familiensozialisation
370 S., 3-89294-100-9 / 39,- DM

Baumgärtner/Dahrendorf (Hrsg.)
Zurück zum Literaturunterricht?
155 S., 3-89294-101-7 / 21,- DM

Baurmann/Cherubim/Rehbock
Neben-Kommunikationen
Beobachtungen und Analysen zum Schülerverhalten
277 S., 3-89294-102-5 / 32,- DM

BDZV/IZOP (Hrsg.)
Lernort: Deutscher Bundestag
168 S., 3-89294-069-X, 40,- DM

Beckmann (Hrsg.)
Leistung in der Schule
256 S., 3-89294-103-3 / 22,- DM

Beckmann/Biller (Hrsg.)
Unterrichtsvorbereitung
268 S., 3-89294-104-1 / 24,- DM

Berndt/Busch/Schönwälder
Schul-Arbeit
Belastung und Beanspruchung von Schülern
256 S., 3-89294-105-0 / 38,- DM

Bleuel
Kinder – und die Welt, in der sie leben
237 S., 3-89294-011-8 / 29,80 DM

Brand/Schulze (Hrsg.)
Medienkundliches Handbuch – Die Zeitung
260 S., 3-89294-062-2 / 54,- DM

Brand/Brand/Schulze (Hrsg.)
Medienkundliches Handbuch – Die Zeitung im Unterricht
672 S., 3-89294-063-0 / 66,- DM

Brand/Brand/Schulze (Hrsg.)
Medienkundliches Handbuch – Die Zeitungsanzeige
480 S., 3-89294-000-2 / 60,- DM

Brand/Dierichs (Hrsg.)
Die Zeitung: Ein Schulbuch für Demokratie
216 S., 3-89294-060-6 / 40,- DM

Brand/Stephan
Lernort Europa
213 S., 3-89294-068-1 / 40,- DM

Braune/Bessoth
Konferenzen in der Schule
192 S., 3-89294-106-8 / 22,- DM

Bunk/Tausch
Moderne Biologie im Unterricht
252 S., 3-89294-107-6 / 22,- DM

Bunk/Tausch
Grundlagen der Verhaltenslehre
276 S., 3-89294-108-4 / 26,- DM

Bunk/Tausch
Verhaltenslehre
Handbuch der Unterrichtsversuche
402 S., 3-89294-109-2 / 46,- DM

Claußen
Didaktik und Sozialwissenschaften
264 S., 3-89294-026-6 / 38,- DM

hv

Verlagsprogramm

Haarmann u. a. (Hrsg.)
Lernen und Lehren in der Grundschule
482 S., 3-89294-125-4 / 38,- DM

Herrmann/ Rupprecht
Lehrer werden
142 S., 3-89294-128-9 / 18,- DM

Husen
Schule in der Leistungsgesellschaft
146 S., 3-89294-129-7 / 20,- DM

Kluckhuhn
Rollenspiele in der Hauptschule
128 S., 3-89294-131-9 / 22,- DM

Kraft
Der Schulhof als Ort sozialen Verhaltens
208 S., 3-89294-132-7 / 32,- DM

Kraft
Feste und Geselligkeiten in der Schule
214 S., 3-89294-133-5 / 32,- DM

Kraft
Neue Schulhöfe
208 S., 3-89294-134-3 / 32,- DM

Martin
„Macht doch mal selber Literatur ...!"
99 S., 3-89294-016-9 / 11,80 DM

Meyer (Hrsg.)
Kinder und Jugendliche in seelischer Not
396 S., 3-89294-015-0 / 39,80 DM

Nentwig
Dichtung im Unterricht
400 S., 3-89294-136-0 / 38,- DM

Nentwig
Die moderne Kurzgeschichte im Unterricht
144 S., 3-89294-135-1 / 22,- DM

Noelle-Neumann
Wegweiser: Wie Jugendliche zur Zeitung finden
224 S., 3-89294-071-1 / 48,- DM

Odenbach
Die Übung im Unterricht
211 S., 3-89294-137-8 / 20,- DM

Otto
Didaktik der Ästhetischen Erziehung
480 S., 3-89294-138-6 / 42,- DM

Otto (Hrsg.)
Texte zur Ästhetischen Erziehung
240 S., 3-89294-139-4 / 28,- DM

Petillon
Der unbeliebte Schüler
252 S., 3-89294-140-8 / 32,- DM

Piel
Kleines Lehrbuch der Lernpsychologie
118 S., 3-89294-141-6 / 18,- DM

Psaar/Klein
Wer hat Angst vor der bösen Geiß
308 S., 3-89294-142-4 / 36,- DM

Pukies
Das Verstehen der Naturwissenschaften
184 S., 3-89294-143-2 / 20,- DM

Verlagsprogramm

Redeker
Zur Sache des Lernens
153 S., 3-89294-145-9 / 28,- DM

Retter/Nauck/Ohms
Orientierungsstufe – Schule zwischen den Fronten
192 S., 3-89294-049-5 / 36,- DM

Schmidt, A.
Das Gymnasium im Aufwind
720 S., 3-89294-065-7 / 60,- DM
Akt. Anhang I, 60 S.,
3-89294-073-8 / 14,80 DM

Schmidt, G. (Hrsg.)
Methoden des Mathematikunterrichts – 7/8
212 S., 3-89294-146-7 / 28,80 DM

Schmidt, G.
Methoden des Mathematikunterrichts – 9/10
250 S., 3-89294-022-3 / 29,80 DM

Schmitt
Kinder und Ausländer
304 S., 3-89294-147-5 / 34,- DM

Schott/Neeb/Wieberg
Lehrstoffanalyse und Unterrichtsplanung
200 S., 3-89294-148-3 / 32,- DM

Schreiner (Hrsg.)
Moralische Entwicklung und Erziehung
267 S., 3-89294-019-3 / 38,- DM

Schulz-Hageleit
Geschichte: erfahren – gespielt – begriffen
359 S., 3-89294-150-5 / 38,- DM

Schwalm (Hrsg.)
Texte zur Didaktik der Geschichte
328 S., 3-89294-151-3 / 35,- DM

Sieland/Sieber (Hrsg.)
Klinische Psychologie für Pädagogen
288 S., 3-89294-152-1 / 33,- DM

Sollbach
Erhabene Kunst der Vernunft
300 S., 3-89294-070-3 / 40,- DM

Staeck (Hrsg.)
Texte zur Didaktik der Biologie
308 S., 3-89294-154-8 / 22,- DM

Stanford
Gruppenentwicklung im Klassenraum und anderswo
264 S., 3-89294-155-6 / 27,- DM

Stark u. a. (Hrsg.)
Beraten in der Schule?
286 S., 3-89294-156-4 / 36,- DM

Stübing
Bewegung, Spiel und Sport mit Kindern
262 S., 3-89294-157-2 / 30,- DM

Trolldenier/Meißner (Hrsg.)
Texte zur Schulpsychologie und Bildungsberat., Bd. 4
342 S., 3-89294-031-2 / 59,80 DM

Verlagsprogramm

Ulrich
Der Witz im Deutschunterricht
252 S., 3-89294-159-9 / 22,- DM

Ulrich
Linguistik für den Deutschunterricht
306 S., 3-89294-158-0 / 30,- DM

Ulrich
Sprachspiele
380 S., 3-89294-074-6 / 45,- DM

Wagenschein
Die pädagogische Dimension der Physik
328 S., 3-89294-160-2, 36,- DM

Wangerin (Hrsg.)
Jugend, Literatur und Identität Anregungen für den Deutschunterricht der Sek. I + II
283 S., 3-89294-036-3 / 36,80 DM

Weber
Das Lehrerlesebuch
212 S., 3-89294-162-9 / 21,- DM

Zech
Neuere Tendenzen in der Mathematikdidaktik – mit Unterrichtsbeispielen
91 S., 3-89294-014-2 / 13,- DM

Ziechmann (Hrsg.)
Konkrete Didaktik des Sachunterrichts
290 S., 3-89294-032-0 / 39,80 DM

Ziechmann/Bolscho/Kayser
Sachunterricht in der Diskussion
218 S., 3-89294-165-3 / 30,- DM

Ziechmann
Schülerorientierter Sachunterricht
153 S , 3-89294-164-5 / 20,- DM

Ziefuß
Methoden der Unterrichtsbeobachtung
240 S., 3-89294-166-1 / 34,- DM

Ziefuß u. a. (Hrsg.)
Arbeitslehre: Stand und Entwicklungstendenzen aus Lehrersicht
269 S., 3-89294-050-9 / 23,80 DM

Die medienkundlichen Handbücher

Das Medienkundliche Handbuch

Die Zeitungsanzeige

(5. erw. Auflage) bietet im wesentlichen praktische pädagogische Arbeitshilfen für die Unterrichtsarbeit.

Der Anzeigenteil gehört neben dem Lokal- und Sportteil zu dem vielbeachteten Informationsangebot der Zeitung. Auch die Schülerinnen und Schüler interessieren sich sehr stark für Anzeigen. Wie man dieses Interesse bei jungen Menschen für einen lebenspraktischen und aktuellen Unterricht, für die pädagogische Arbeit in der Schule nutzen kann, zeigen Lehrerinnen und Lehrer an konkreten Beispielen auf. Den Deutschlehrer werden besonders interessieren die Beiträge

- Geschlechtsspezifische Rollenstereotype in Anzeigen
- Nichtfiktionale Texte: Stellen-an-zeigen (Analyse von Gebrauchstexten)
- Das Adjektiv in Bekanntschaftsanzeigen

Aber auch für den Unterricht in anderen Fächern sind interessante Vorschläge und Fallbeispiele von Pädagogen erarbeitet worden.

Das Handbuch enthält auch alle wichtigen fachlichen Informationen über das Anzeigenwesen, so u. a. über

- das Anzeigengeschäft der Zeitungsverlage
- Werbekonzeptionen von Groß-unternehmen
- eine beispielhafte Imagewerbung
- die Planung einer Anzeigenserie aus der Praxis eines Grafik-Designers.

Eva Brand, Peter Brand, Volker Schulze
Medienkundliches Handbuch: **Die Zeitungsanzeige**
Hahner Verlagsgesellschaft mbH, Aachen-Hahn
479 Seiten, 60,00 DM, ISBN 3-89294-000-2

hv

Die medienkundlichen Handbücher

Medienkundliches Handbuch

Die Zeitung im Unterricht

wurde stark überarbeitet und erweitert.

Auf 666 Seiten zeigen Pädagogen an praktischen Beispielen, wie man in fast allen Unterrichtsfächern die Tageszeitung als aktuelles Lehr- und Lernmittel nutzen kann.

Lehrerinnen und Lehrer, die in den Fächern Religion, Deutsch, Erdkunde, Geschichte, Politik, Kunst / Visuelle Kommunikation, Musik, Mathematik, Biologie, Physik, Sport, Haushaltslehre, Technik, Wirtschaftslehre unterrichten, formulierten auf die eigene Klassen- oder Gruppensituation übertragbare Arbeitshilfen zur Gestaltung eines lebensnahen Unterrichts.

Dieses Handbuch sollte weder in der Schulbücherei noch in der persönlichen Fachbibliothek des Pädagogen fehlen.

In diese erweiterte Neuauflage sind fünf neue Beiträge aufgenommen:

1. Langzeitauftrag „HÄGAR Aktuell"
2. Vergleich klassische Tageszeitung und Boulevardzeitung
3. Buchrezensionen im Deutschunterricht der Sekundarstufe II
4. Die Tageszeitung im Erziehungswissenschaftlichen Unterricht
5. Die Sprache der Politik in der Zeitung

Eva Brand, Peter Brand, Volker Schulze
Medienkundliches Handbuch: **Die Zeitung im Unterricht**
Hahner Verlagsgesellschaft mbH, Aachen
666 Seiten, 66,00 DM, ISBN 3-89294-063-0

hv

Sprachspiele

Wir sind von Sprachspielen umgeben!
Aus Rundfunk und Fernsehen tönt uns entgegen: „Wer die Welt verstehen will, der muß sie lesen.“ und: „Wer nicht mit der Zeit geht, der geht mit der Zeit.“
In Zeitungen und Illustrierten springen uns Schlagzeilen: „Ist Schaf Dolly eine Ente?“ und Anzeigen ins Auge: „Man least viel Gutes über uns. – SüdLeasing“.
Auf der Autobahn lesen wir auf einem Schild mit angeschnalltem Kind im Unfallwagen: „Geschnallt?“ und auf einem Betonbehälter am Straßenrand: „Ich bin 2 Öltanks.“
Den Reiz sprachspielerischer Texte kann sich aber auch der Deutschunterricht an den Schulen zunutze machen. Die dem Sprachspiel immanente Motivationskraft fördert die Freude am Lesen, fordert zu genauer Analyse und Interpretation heraus, schafft durch Reflexion über Sprache Sprachbewußtsein und regt zu eigenen kreativen Gestaltungsversuchen der Schüler und Schülerinnen an.
Das vorliegende Buch ist deshalb einerseits ein Lesebuch, eine Anthologie reizvoller sprachspielerischer Texte recht verschiedener Arten und Gattungen, die sehr verstreut publiziert wurden und deshalb nicht immer leicht zugänglich sind.
Das Buch soll andererseits aber auch Sprachbuch sein, Impulse geben zum Nachdenken über Sprache, zur Untersuchung des sprachlichen Regelsystems und der regel-geleiteten Kommunikation in einem „text-orientierten Grammatikunterricht“ sowie zum „kreativen Schreiben“ und Gestalten von Eigentexten ermutigen.

Winfried Ulrich
Sprachspiele
Hahner Verlagsgesellschaft mbH, Aachen
380 Seiten, 45,00 DM, ISBN 3-89294-074-6

Wegweiser

Junge Menschen finden nicht „einfach so" zur Zeitung. Sie brauchen Vorbilder – wie Eltern – an deren Mediennutzung sie sich orientieren können. Sie benötigen Anregungen von außen, um ihre intellektuellen Möglichkeiten für das Sprechen und Lesen entwikkeln zu können. Sie wollen ernst genommen werden mit ihren Kommunikationsbedürfnissen – und sich in der Zeitung wiederfinden, sei es durch bestimmte Rubriken, Sonderseiten oder Beilagen. All dies ist gemeint, wenn von „Wegweisern" die Rede ist. Solche Hinweise werden um so wichtiger, je vielfältiger, aber auch je verwirrender und unübersichtlicher sich die Medienlandschaft gestaltet.

Der Bundesverlag der Deutschen Zeitungsverleger hatte 1993 das Institut für Demoskopie in Allensbach mit einer Studie über das Rezeptionsverhalten der jüngeren Generation und ihre Einstellung zur Zeitung beauftragt.

Der nun vorliegende Abschlußbericht dokumentiert und erschließt sämtliche erhobenen Daten und bewertet sie im Kontext der letzten Jahre. Er zieht Folgerungen aus Maßnahmen und Initiativen der Verlage seit Erscheinen der ersten Studie, z. B. meßbare Erfolge der Leseförderung wie bei „Zeitung in der Schule". In ihrem Schlußkapitel richtet Elisabeth Noelle-Neumann eindringliche Mahnungen an unterschiedliche Adressatenkreise. „Wie Eltern und die junge Generation auf die leichte Unterhaltung des Fernsehens und die Überwindung der Schwierigkeit, daß nur wenige Jahre bleiben, um Sprechen, Lesen und Schreiben zu üben, reagieren werden, das ist eine Frage, die über unsere Zukunft, über die Zukunft unserer Kinder und Enkel entscheiden kann." Eine Warnung, die in dieser Deutlichkeit betroffen machen und nicht nur zum Nachdenken, sondern auch zum Handeln auffordern will.

Elisabeth Noelle-Neumann
Wegweiser – Wie Jugendliche zur Zeitng finden
Hahner Verlagsgesellschaft mbH, Aachen
224 Seiten, 48,00 DM, ISBN 3-89294-071-1